Hermann Terjung, Landung im Taifun

Gewidmet dem Menschen, der mithalf,
25 Jahre Verkehrsfliegerei zu tragen, meiner Frau Ellen
– was nicht heißen soll (siehe Seite 27),
dass ich zu Hause einen kleinen Taifun habe.

Hermann Terjung

Landung im Taifun

AUS DEM TAGEBUCH EINES FLUGKAPITÄNS

GeraMond

Titelbild: Deutsche Lufthansa

Die Deutsche Bibliothek – CIP-Einheitsaufnahme

Ein Titeldatensatz für diese Publikation ist bei
Der Deutschen Bibliothek erhältlich

ISBN 3-7654-7228-X

1. Auflage 2001

Lektorat: Peter Pletschacher
Satz: Willy Aschermann
Herstellung: Hubert Bertele
Druck: Interdruck Leipzig
Printed in Germany

Zu diesem Buch

Dies ist die Stelle, an welcher der Verleger zu Wort kommen sollte. Man möge mir die Vorwitzigkeit verzeihen, aber was weiß er schon von den Wehen des Formulierens, des Ringens um die Form, den schlaflosen Nächten des sich nur mühsamen Erinnerns an die Fakten, an die Daten der dokumentarisch zu beschreibenden Ereignisse?

Weit gefehlt liebe Leserin, lieber Leser, denn dieses Buch basiert auf Gesprächen im Anschluss an Vorträge oder Rundfunk- und Fernsehaufzeichnungen, auf Kontakten mit Passagieren beim Besuch im Cockpit. So, als sei alles erst gestern gewesen. Alle waren sie neugierig. Oder sie waren unsicher, hatten Flugangst, weil sie nicht genau wussten, „was die da vorne tun".

Bei diesen Begegnungen auf oder über der Erde gab mir eines Tages ein Herausgeber von Büchern einen Knuff in die Rippen und fragte, ob ich das mit Begeisterung Erzählte nicht einmal aufschreiben wolle. Ich tat's, und so wünsche ich diesem Buch, das ich als Flugkapitän und Journalist „auf Schnauze" schrieb, einen aufgeschlossenen, zuweilen schmunzelnd zustimmenden Leserkreis und bedanke mich jetzt schon für die Mühe um die abhanden kommende Fähigkeit des Umsetzens von Buchstaben in die Bilder dieser Welt in unserem Kopf.

Nicht die Phantasie ist die Basis der Berichte, sondern sie liegt meines Erachtens in der Kunst des Weitergebens, um die ich mich bemühe. Hören Sie zu beim Lesen!

Alsdann: „Willkommen an Bord", oder wo auch immer wir uns begegnen sollten.

Hermann Terjung

Tagebuchnotizen

Begegnungen

Leben an Bord

Fliegen damals und heute

Kleine Flugphysik für Passagiere

Tagebuchnotizen

Das beste Flugzeug der Welt

Erinnern Sie sich noch an die Zeit, als man mit Propellermaschinen den Atlantik überquerte? Erinnern Sie sich an den Namen „Super-Constellation“?

Wenn ja, dann sind Sie ein Leser im reifen Alter. Sie gehören zur tüchtigen, zupackenden Nachkriegsgeneration, die noch selbst ihre Reifen wechselte, zu den Menschen, die in „Fox Tönender Wochenschau“ gesehen haben, wie die Rosinenbomber Kohle und Kartoffeln nach Berlin flogen.

Wenn es so ist, dann können wir ein Gespräch unter Fachleuten führen. Die Rede ist von einem viermotorigen Flugzeug der anderen Art. Es kommt nicht von ungefähr, dass selbst nüchterne Flugkapitäne mit Tausenden von Flugstunden feuchte Augen bekommen, wenn in Kollegenkreisen von der Super-Constellation gesprochen wird. Sie galt unter den Insidern des Flugbetriebs ein paar Jahre lang als das beste und schönste Flugzeug der Welt, denn was danach auf die Langstrecke kam, fiel unter den Sammelbegriff „Jet“. Statt von PS sprach man von Kilopond und Schub. Die Elektronik hielt Einzug. Ein Instrumentendschungel dehnte sich aus.

Anders in der Lockheed L 1049 G, wie sie offiziell hieß. Sie hatte für den Piloten nur das Nötigste an Bord. Schön war sie, die Super-Constellation, wohlgeformt wie eine verwöhnte Geliebte. Und recht schnell. Die Superconny schaffte die Strecke Frankfurt-New York in 17 Stunden. Was in den sechziger Jahren eine geradezu atemberaubende Geschwindigkeit war.

Ob der Pilot da 17 Stunden lang am Steuerknüppel saß? Nein. Wir haben uns den Dienst im Cockpit damals zu dritt geteilt. Zwei Piloten saßen vorn und lauschten hingebungsvoll dem Brummen der

Curtiss-Wright-Triebwerke, der dritte Mann lag in der Koje und schlief.

Übrigens gab's nicht nur Piloten in dem Wunderding. Zwei Flugingenieure wechselten sich ab. Und dann waren da noch der Funker und der Navigator. Der eine hielt die Verbindung zur Außenwelt, der andere wies über den Weltmeeren den Piloten den Weg.

Sie haben mitgezählt, und Sie haben richtig gerechnet. Jawohl, wir waren sieben Mann im Cockpit! Von diesen sieben sind nur zwei übriggeblieben. Mit dem Cockpit-Personal, das ständig verringert wird, schwindet die Romantik. Wir leben im Düsenzeitalter, schneller, höher, unpersönlicher. Propeller sieht man jedenfalls nur noch, wenn an Bord „Casablanca" über die Leinwand geht, mit Humphrey Bogart, der seinem Nebenbuhler, dem Typen mit dem blauäugigen Blick, die heulende Ingrid Bergman in die Zweimotorige schickt. Alles wird sicherer, sagen die Konstrukteure. Und die Manager in den Airlines geben den Fliegern die Elektronik als neuen Partner mit.

Sagte ich, die Super-Constellation hätte vier Motoren? Die Piloten im Transatlantikverkehr waren zu diesem Punkt ganz anderer Meinung. Sie bezeichneten die Lockheed L 1049 G als den besten dreimotorigen Vogel, den es je gab. Seien wir ehrlich: ein Motor stand immer. Oder sagen wir – oft. Oder er arbeitete nur mit halber Kraft. Mir sind oft die kalten Schauer über den Rücken gelaufen, wenn ich in den Auspuff der Triebwerke schaute und die rotglühenden Abgasturbinen arbeiten sah. Die Super-Constellation war ein heißer Ofen. Leistung, ausgereizt bis zum letzten. Ein Flug mit diesem Ding war so spannend wie ein Pferderennen. Da weiß man auch nie, wer als Erster durchs Ziel geht.

An diesen etwas abenteuerlichen Zuständen änderte sich nichts, als aus der Super-Constellation die Super-Star-Constellation wurde, die L 1649. Technisch bestand die Verbesserung im wesentlichen aus der größeren Spannweite. Die Tragflächen waren jetzt endlich so lang, dass man auf Zusatztanks verzichten konnte. Der „Star" hatte eine größere Reichweite – aber der Ärger mit den Motoren blieb. Wie kam es nur, dass alle Flugkapitäne der Welt sich in den Jahren 1955 bis 1966 in die Super-Constellation verknallten?

Richtig geraten. Piloten sind Männer. Und Männer sehen aufs Äußere. Wir liegen völlig richtig, wenn wir den Reiz des merkwürdigen Fluggeräts auf seine gefällige Form zurückführen. Doch auch die Damen betrachteten mit Wohlwollen den Schwung, die Kurven dieses schönen Vogels. Oder täusche ich mich? Ich war nämlich dabei, als sich ein Gespräch zwischen einer jungen Dame und einem älteren, seelisch gefestigten Fluggast entwickelte. Das Mädchen hatte von Anfang an rechts am Fenster geklebt und unentwegt auf die Propeller hinausgestarrt. Liebeskummer? Fernweh? Die Faszination des Fliegens? Wer weiß. Sieben Stunden waren vergangen, als sie vom Nebenmann angesprochen wurde: „Fräulein, wenn Sie ein Nickerchen machen wollen, ich passe solange auf den Motor auf."

Romantisch war auch, dass man mit der Super-Constellation bei einem Transatlantikflug zwischenlanden musste. Was heißt musste, man durfte. Das Nachtanken fand im irischen Shannon statt oder auf der anderen Seite des Atlantiks, in Gander auf Neufundland.

Shannon war beliebter, dort gab es einen bestens bestückten Duty Free Shop. Vor allem der Whisky aus Shannon war berühmt. Der Duty Free Shop war in einer Baracke am Rande des Rollfeldes untergebracht, auf der grünen Wiese. Aber für den PAX, das Luftfahrtkürzel für »Passagier«, war die Shannon-Baracke der Himmel.

Die Shannon-Episode ist in meinem privaten Logbuch unter dem Datum des 20. April 1959 eingetragen. Wir hatten die D-ALAN in Frankfurt in den blauen Himmel gestartet, dort, wo die Weit noch in Ordnung ist. Bis Paris flogen wir „ferry", will sagen leer. Die Maschine war ab Paris von der amerikanischen Firma „General Electric" gechartert. Aus den Flugpapieren ging hervor, dass es sich um Angehörige der High Spot Division des Konzerns handelte. Ich war sehr beeindruckt von dem Titel, bis ich erfuhr, dass dieses Kürzel nichts mit der Vorstandsetage zu tun hat. Es waren Manager aus dem Verkaufsbereich Elektroherde und Elektrokocher. Danach war ich nicht mehr beeindruckt, da fand ich sie einfach nett.

Der Passagier, das unbekannte Wesen. Geheimnisvoll wie ein Kurzwellengerät, sensibel wie eine automatische Steuerung, unberechenbar wie ein Curtiss-Wright-Motor. Diesmal allerdings hatte ich Sonntagskinder erwischt. Die Stimmung war locker. Die Passagiere, alles Männer, kannten sich. Sie waren guter Dinge, weil es heim in die Staaten ging. Sie hatten sich in Paris mit Cognac und Geschenken für die liebe Ehefrau oder für die hochhackige Freundin versorgt, manche hatten wohl auch Geschenke für Ehefrau und Freundin dabei, ich kann so etwas als Pilot nicht nachkontrollieren. Was die Paxe in Paris nicht hatten einkaufen können, war zollfreier Whisky.

Und so kam sehr bald die Frage auf, ob wir Zwischenlandung in Shannon machen würden. Nein, sagten die Stewardessen. Wir sind ja so untröstlich, aber die Zwischenlandung entfällt. Aufgrund günstiger Windverhältnisse schaffen wir den Sprung nach New York nonstop. Und dann fuhren sie zum Trost der General Electric-Passagiere vom Besten auf, was die Lufthansa-Kellereien zu bieten hatten. Der Sekt begann zu sprudeln, und die blau gewandeten Loreleys – so der Spitzname, den die Amerikaner unseren Mädchen verpasst hatten – mühten sich, nichts warm werden zu lassen. An Bord stand also alles zum besten. Wenn man von Motor No. 4 absah. Der lief zwar noch, aber ich hörte an seinem missmutigen Brummen, dass er bald die Beine ausstrecken würde. Motor No. 4 sah traurig durch die Kabinenfenster in die „beleuchtete Riesenzigarre" hinein. Da drin gab's kalten Champagner. Und ihm war ja so heiß.

Auch er würde seine wunden Stellen kühlen lassen, vom nächtlichen Wind. Ohne auch nur mit der Breite eines Zeigers vorzuwarnen, entschloss er sich zu handeln.

Ein Schrillen der Feuerklingel, ein Aufleuchten der Warnlampe, ein Ruf im Cockpit: „Fire warning engine number four. Push the botton, mixture off, throttle open, emergency shut-off lever closed." Auf die Flaschen der Feuerlöschanlage verzichtete die No. 4. Die Klingel schwieg. Das Rotlicht hörte auf zu zucken. Der Propeller stand. Der Motor hatte seinen Willen.

Und da wir noch nicht einmal die Hälfte der Überwasserstrecke hinter uns hatten, ging der Lufthansa-Constellation-Superstar-Nonstop-Flug Paris-New York LH 812 auf Gegenkurs. Wir würden den nächstgelegenen Ausweichflughafen ansteuern. Und das war nicht Gander auf Neufundland, sondern Shannon.

Wie sag' ich's meinem Kinde? Den Leuten standen ein paar Stunden Verspätung ins Haus. Und überhaupt, Passagiere haben es nicht gern, wenn Motoren oder Räder abfallen. Nicht, während das Flugzeug fliegt. Man kann nie wissen, ob man's nicht noch braucht. Aber hier war ja nichts abgefallen. Der Propeller war noch da. Man konnte ihn sogar ganz deutlich sehen, wie er sich, Widerstand vermeidend, auf Segelstellung gedreht hatte.

Wie immer in solchen Fällen kommt der Stewardess die knifflige Aufgabe zu, den Passagieren die nüchterne Ansage des Kapitäns näher zu erläutern und ihnen in diesem Falle plausibel zu machen, warum der Mond auf der falschen Seite steht. Ich war auf einige geharnischte Proteste seitens der Firma »General Electric«, Abteilung Elektrokocher, gefasst. Vielleicht befand sich doch ein Vorstandsmitglied unter den fröhlich Zechenden, einer, der sich wie Harun-el-Raschid unter das niedere Volk gemischt hatte. Er würde der Lufthansa-Besatzung klarmachen, was Sache ist. Aber ich sollte mich irren. Im Flugzeug wurde Jubel laut, als das neue Flugziel verkündet wurde. Shannon! Shannon! Der Duty Free Shop von Shannon! Die Herren erhoben sich von den Sitzen, ließen sich die Gläser nachfüllen und prosteten dem stehenden Motor No. 4 zu.

Und wirklich. Man konnte diesem Motor nicht böse sein. Man konnte Helga, dem blaugewandeten Engel mit dem blonden Gretchenzopf, nicht böse sein. Man konnte der Super-Constellation nicht böse sein. Zumal sie ja auch noch das Wort „Star" im Namen hatte. Star! Es waren die goldenen sechziger Jahre. Was Technik anging, sah man Dinge damals noch nicht so verbissen. Leben und leben lassen. Wenn sich ein Propeller mitten über dem Atlantik etwas ausruhen wollte: bitte schön.

Und so war das Vertrauen in das dreimotorige Riesenbaby, in die Lufthansa und in das Leben überhaupt unerschütterlich, als wir in Shannon niedergingen.

Der Duty Free Shop. Die Passagiere packten die Drahtkörbe voll und schoben sich zur Kasse. Der Himmel hatte ein Einsehen. Mit den Paxen, mit der Crew und mit dem besten Flugzeug der Welt. Der ganze Zauber entpuppte sich als Fehler in der Feuerwarnanlage. Wir starteten zum zweiten Male nach New York.

Vor uns lagen noch einmal 12 Stunden Flugzeit. Und während Cpt. Morehead, ein wortkarger Amerikaner, ein deutliches „Bullshit" durch die Zähne presste, schaute ich als sein 1. Offizier misstrauisch zur Bimmel der Warnanlage. Sie schwieg, und No. 4 brummte zufrieden, als sei nie etwas gewesen.

Nur meine Gedanken gingen eigene Wege. Der Vers, der dabei entstand, wurde Trost für so manchen Techniker, so manchen Flugzeugführer und er hing noch lange über dem Schreibtisch des ehemaligen Chefingenieurs der Lufthansa, Franz Preuschoff:

„Wenn die Shannon-Glocke läutet
in der roten Lampe Schein,
weiß der PAX, was das bedeutet:
bald wird Whisky ihn erfreu'n!"

Konfusion am Zuckerhut

Wir sind im Februar 1959. Die L 1049 G Super-Constellation der Deutschen Lufthansa, Kennzeichen D-ALEC, nähert sich der brasilianischen Küste. Die Maschine war, aus Frankfurt kommend, in Dakar im afrikanischen Senegal zwischengelandet. Ziel ist Rio. Nachdem das Funkfeuer auf der Insel Fernando de Noronha passiert ist, kann Navigator Fahrsen aufatmen, ihm bleibt für den Rest der Strecke wenig zu tun. Ab jetzt stehen Mittelwellen- und UKW-Sender zur Verfügung.

Diese Sender ermöglichen es den Piloten, mittels Peilung den Kurs zu finden, der sie nach Rio de Janeiro führen wird. Der Sextant, 1959 noch das einzige Gerät zur Orientierung während der Überquerung des Südatlantiks, wandert in den Kasten.

Sieben Besatzungsmitglieder teilen sich den Dienst im Cockpit. Da ist Flugkapitän Willi Severenz. Die Aufgabe des Reliefcaptains fällt mir, als dem 1. Offizier zu. 2. Offizier ist Dieter Kraus. Zwei Flugingenieure gibt es, zum Team gehören weiter der bereits erwähnte Navigator Hans Fahrsen und Funker Stein. Es ist die Aufgabe des Funkers, per Taste die Verbindung über Kurzwelle aufrechtzuerhalten, wo die Verständigung über Sprechfunk wegen zu großer Entfernung nicht möglich ist. Stein schaltet sich auch ein, wenn die jeweilige Bodenstation sich wegen mangelnder englischer Sprachkenntnisse in Schweigen hüllt.

Außerdem ist es Aufgabe des Funkers, Wettermeldungen zu empfangen. Rio als Zielort gehört zu den Plätzen, die alles andere als ideale Bedingungen bieten, Sao Paulo als Ausweichhafen ist nicht viel besser. Hinzu kommen Regen, tiefe Wolken und schlechte Sicht.

Noch zwei Stunden bis zum Ziel. Rio gibt sich unverändert pessimistisch. Und so erbitten wir über Sprechfunk die Erlaubnis, die Luftstraße benutzen zu dürfen, die über die Berge in der Küstenregion führt, dort herrschen erfahrungsgemäß bessere Wind- und Wetterverhältnisse als beim Anflug über See. Unserer Bitte wird stattgegeben, die Änderung der Streckenführung wird an die Leitstelle bestätigt. Man scheint uns verstanden zu haben, gleichzeitig erhalten wir jedoch die Aufforderung, tiefer zu gehen.

Ein Blick in die Karte zeigt uns, dass hier ein Irrtum vorliegen muss. Ein Sinkflug auf die vorgegebenen Werte würde unter die Sicherheitshöhe, ja mitten in die Berge führen.

Unsere Rückfrage bringt keine Klärung. Wir bekommen zwar Kontakt zur brasilianischen Flugsicherung, aber man vermutet uns noch immer über See, nicht über dem ausdrücklich bestätigten Inlandsairway.

Die Situation ist kritisch geworden, zumal sich über uns andere Maschinen befinden, die ebenfalls zum Sinkflug aufgefordert wurden. Kapitän Severenz gibt dem Funker Anweisung, über Taste schleunigst Klarheit zu schaffen. Stein setzt eine „urgent message" ab, eine Dringlichkeitsmeldung. Der Ausdruck „urgent message" ist ein feststehender Begriff im Funkverkehr. Eine Ewigkeit verstreicht. Nach zwei Minuten kommt in Morsezeichen eine Rückfrage: „What is urgent?" Was bedeutet Dringlichkeit?

Rio hat immer noch nicht begriffen, wo wir sind. Rufe über Taste und über Mikrofon verfehlen ihre Wirkung. Wir sitzen in der Zwickmühle. Gehen wir tiefer, gefährden wir das Leben unserer Passagiere. Bleiben wir in der für uns sicheren Höhe, gefährden wir die anderen Maschinen.

Ich nehme über Sprechfunk Kontakt mit der nächsten Maschine auf, die sich über uns in den Wolken befindet. Es ist ein „Clipper" der Pan Am. Der Kollege begreift sofort. Er sagt mir zu, dass er 2000 Fuß über uns bleiben wird.

Inzwischen nähern wir uns dem Ansteuerungsfunkfeuer des internationalen Flughafens von Rio. Am Boden herrscht das totale Chaos. Die Anweisungen von dort kommen in Englisch und Portugiesisch. Ein wirres Durcheinander. Jetzt hilft kein Fragen mehr, jetzt hilft nur noch Handeln! Wir beschließen, nur noch Sprechverkehr von Bord zu Bord zu führen. Wir schrauben uns tiefer und tiefer auf Rio herab, dem Pan Am-Clipper über uns geben wir jede Änderung unserer Flughöhe bekannt. Endlich taucht vor uns, vom tropischen Regen eingehüllt, die Landebahn auf. Dahinter sind die Lichter der Stadt zu erkennen: Rio leuchtet. Für den Kontrollturm sind wir ein Geisterflugzeug, das aus dem Nichts auftaucht. Aber die Männer dort reagieren richtig, sie geben für uns die Bahn zur Landung frei.

Unser amerikanischer Freund hat weniger Glück. Nachdem sich die Sicht weiter verschlechtert hat, muss er durchstarten. Die Anflugkontrolle in Rio kommt zum Erliegen.

Wir lesen die Checkliste und bringen die Ankunftskontrolle im Flughafengebäude hinter uns. Hat es Sinn, wenn wir eine schriftliche Beschwerde über die unfähige Flugsicherung einreichen? Wohl kaum. Wir sind müde. Resignation breitet sich aus. Im Bus, auf der Fahrt ins Hotel in Copacabana, schlafen die meisten von uns ein. Niemand von uns bekommt mit, was über der Bucht von Guanabara vorgeht. Niemand von uns wird auf die Menschen aufmerksam, die auf der Avenida Atlantica stehen bleiben und auf das Meer, auf die Piste des Regionalflughafens Santos Dumont, hinausschauen.

Der Empfangschef im Hotel Excelsior starrt uns an wie Menschen, die von einem anderen Stern eingeschwebt sind. „Wie furchtbar!" stammelt er. „Wie furchtbar!"

Wir schauen uns an. Was hat der Mann? Mit gesenktem Kopf übergibt er uns die Zimmerschlüssel. Merkwürdig, die Hotelgäste machen einen Bogen um uns. Man beäugt uns mit scheuen Blicken.

Was denn eigentlich los ist, frage ich einen Mann.

Ja, ob wir denn die Wracks der beiden Flugzeuge nicht gesehen hätten, die in der Luft zusammengestoßen und ins Meer gestürzt seien.

Ungläubiges Entsetzen legt sich über die Crew. Wortfetzen fliegen hin und her. Wir bekommen Fragen gestellt, die wir nicht beantworten können. Fragen, die uns auf der Seele liegen, bleiben unausgesprochen. Der Schock.

Man geht uns aus dem Weg, als seien wir die Überbringer der Unglücksbotschaft. Ahnen die Menschen, dass wir die Hintergründe kennen, dass wir Zeugen jener Fehler in der Flugsicherung wurden, die zur Katastrophe eskalierten?

Zwei Flugzeuge sind in der Luft zusammengestoßen. Ein Unglücksfall? Nein, ein Verbrechen. Ich spüre in mir eine ohnmächtige Wut. Ich weiß, wie alles kam, aber ich habe es nicht verhindern können. Die Unfähigkeit und der falsche Stolz der Männer in der Flugsicherung, die sich nicht mit den anfliegenden Maschinen verständigen konnten, haben ihre Opfer gefordert.

An Schlaf ist jetzt nicht zu denken. Ich fahre zu Marianne Jacob, der Leiterin des deutschsprachigen Rundfunkstudios in Rio de Janeiro. Wir haben so manche Sendung gemeinsam gestaltet. Im fünften Stock eines Appartementhauses in der Rua Fernando Mendes hat sie ihre Wohnung, die zugleich Büro und Redaktion ist.

Der Zufall kommt mir zu Hilfe. Ich treffe bei Marianne Jacob den Korrespondenten der Illustrierten „Stern" Bruno Hampel an. Dass der Bericht über die Hintergründe des Unglücks die Story ist, brauche ich diesem Profi nicht zu sagen, das riecht er selbst.

Es gibt ein Hindernis. Darf ich die Informationen beisteuern, die Hampel für seine Story braucht? Handelt es sich nicht um Dienstgeheimnisse, die ich da an Dritte weitergebe?

Ich fahre zur Lufthansastation auf dem Flughafen. Eine Verbindung nach Deutschland wird hergestellt. Die Nachricht von dem Unglück in Rio hat auch bei der Lufthansa in Frankfurt einen Schock ausgelöst. Von dort erfahre ich, welche Flugzeuge an dem furchtbaren Desaster beteiligt waren. Eine Maschine der innerbrasilianischen Fluggesellschaft Panair do Brasil und eine DC-3 mit amerikanischem Kennzeichen sind über der Meerenge am Zuckerhut zusammengestoßen. Die DC-3 gehörte zum fliegenden Tross des amerikanischen Präsidenten, sie hatte die Musiker einer Militärkapelle an Bord. In keiner der beiden Maschinen hat es Überlebende gegeben.

Die Flugbetriebsdirektion der Lufthansa gibt mir nach Rücksprache mit dem Vorstand Redefreiheit. Die Freigabe wird gleichermaßen für Kapitän Severenz und den Funker erteilt.

In der nächsten Ausgabe des »Stern« erscheint Bruno Hampels erschütternder Bericht. Der Bericht ist eine einzige Anklage gegen die brasilianischen Behörden, die Schuld auf sich geladen haben, weil sie die Ausbildung des Flugsicherungspersonals vernachlässigten.

Aus dem „Stern“:

Der Bericht der Untersuchungskommission weist nach der Auswertung der amtlichen Tonbandprotokolle innerhalb der Flugsicherung einen Fehler in der Übermittlung des QNH an die amerikanische Maschine aus.

(Unter QNH versteht man die Höhenmessereinstellung, bezogen auf den aktuellen Luftdruck im Bereich des Zielflughafens. Der Höhenmesser zeigt bei der Landung die Flugplatzhöhe über NN, d.h. über Normal Null oder Meereshöhe.)

Im vorliegenden Falle wurde ein zu niedriger Luftdruck angegeben, wodurch sich das betreffende Flugzeug in allen angewiesenen Höhen tiefer befand, als von der Anflugskontrolle angenommen. So kollidierte es mit der brasilianischen Maschine infolge Unterschreitens des vertikalen Sicherheitsabstandes.

Beide Flugzeuge befanden sich zum Zeitpunkt des Zusammenstoßes auf sich überschneidenden Routen und wettermäßig in IMC (instrument meteorological conditions).

Es ist spät in der Nacht, als ich über das Mosaikpflaster der Avenida Atlantica gehe. Von den Trümmern der beiden Maschinen ist nichts mehr zu sehen. Die Lichterketten von Botafogo, von Lerne und Copacabana funkeln wie das Diadem einer schönen Frau.

Rio leuchtet.

Intensivstation Cockpit

Maschinen sind verlässlicher als Menschen.

Aber es gibt Ausnahmen.

Es war auf dem Flug LH 013 von Stuttgart nach Frankfurt. Wir schrieben den 20. November 1962. Ich flog eine Convair, eine gemütliche Angelegenheit mit zwei Motoren. Eine Propellermaschine, die man heute nur noch auf einigen Dschungelflugplätzen antrifft. Die Convair bot Platz für 40 Passagiere. Wir hatten gerade unsere Reiseflughöhe erreicht und die Gashebel zurückgenommen, als Barbara Wüst, eine der beiden Stewardessen, ins Cockpit kam. Ich hörte, wie sie etwas zu meinem Co-Piloten Gunter Göring sagte.

„Wir haben einen Passagier, dem gefällt das Geräusch des rechten Motors nicht."

„Bitte noch mal."

„Das Geräusch gefällt ihm nicht. Mit dem Motor stimmt was nicht, sagt er."

„Hört er auch Stimmen? Sieht er Gesichter?"

Ich schmunzelte. Es war nur zu verständlich, dass mein Co-Pilot mit Skepsis reagierte. Der Passagier mit dem technischen Tick, er ist der Alptraum aller Verkehrspiloten. Der Mann lässt einem durch die Stewardess melden, dass ein Flügel abgefallen ist, es gibt kein Leitwerk mehr, die Motoren sind runtergefallen, oder die Kaffeetasse hat Feuer gefangen. Oder ein Motor hat sein Geräusch verändert. Aber wenn man hinsieht, ist alles noch da, es gibt keine brennende Kaffeetasse, und die Skalen am Instrumentenbord zeigen, dass die Motoren noch nie so gesund waren wie heute.

Meistens ist es so. Aber dieses Mal sollten wir uns täuschen. Natürlich haben wir bei jenem Flug den Hinweis des Passagiers nicht leichtfertig abgetan. Während mein Co-Pilot die Instrumente inspizierte – dies hätte er auch ohne die Erinnerung durch den Passagier getan -, dachte ich über die Bemerkung eines Arztes nach, den ich einst während eines Transatlantikflugs im Cockpit empfangen hatte. Wir waren ins Philosophieren gekommen. Mein Gast hatte eine Bemerkung gemacht, die mir im Gedächtnis geblieben war: „Jedes Flugzeug ist nichts anderes als eine Ansammlung von Tausenden von Fehlerquellen, die sich im geordneten Verband durch den Luftraum bewegen."

So flott und locker sich der Spruch des Mediziners anhörte, so falsch war die Aussage. Ich habe nach jener Bemerkung meines Passagiers darüber nachgegrübelt, was das Fliegen, verglichen mit anderen Methoden der Fortbewegung, so sicher macht.

Es gibt viele Antworten auf diese Frage. Die kürzeste, die ich kenne, stammt von einer älteren Dame, einer ehemaligen Journalistin. Wir waren bei einem Nachtflug über Australien ins Gespräch gekommen. Ich war der Pilot der Maschine, und die alte Dame hatte sich zu einem kurzen Besuch im Cockpit anmelden lassen. Sie wollte von hier aus die riesigen Buschfeuer betrachten, die tief unter uns wüteten. Die Flugbegleiterin hatte ihr, nachdem ich die Zustimmung erteilt hatte, die Tür zum Cockpit geöffnet, aber die alte Dame war auf der Türschwelle stehen geblieben. Erschrocken starrte sie auf die Vielzahl der Instrumente.

„Mein Gott, das ist ja wie auf einer Intensivstation!"

In der Tat. Es gibt Ähnlichkeiten zwischen dem Cockpit eines Flugzeugs und der Intensivstation eines Krankenhauses. Hier wie dort sind auf kleinem Raum eine Vielzahl von Geräten, Maschinen, Aggregaten, Computern und Skalen vereinigt. Hier wie dort geht es um das Leben und die Gesundheit von Menschen.

Es gibt weitere Ähnlichkeiten. Da ist zum Beispiel der dritte Mann im Cockpit, der Flugingenieur. Er sitzt quer zur Flugrichtung und ist für die Technik an Bord verantwortlich. Man könnte den F/E – so das Luftfahrtkürzel für den „Flight Engineer" – als den „Arzt im Cockpit" bezeichnen.

Was die Frage aufwirft, ob so ein Flugzeug denn von vorneherein als „krank" betrachtet werden muss. Natürlich nicht. Aber ein Flugzeug, zumal die Maschinen, die wir heute fliegen, ist ein empfindlicher Organismus, der genau beobachtet werden muss. Betrachten wir das Flugzeug als einen Menschen, der sicherheitshalber ständig einen Arzt mit sich führt. Einen Arzt, der auf Vorbeugung spezialisiert ist. Unregelmäßigkeiten im Organismus werden frühzeitig festgestellt und behoben, ehe eine Krankheit ausbrechen kann. Als Fiebermesser und Röntgengerät dienen eine Vielzahl von Überwachungsinstrumenten, optische und akustische Warnsignale, Lämpchen in allen möglichen Farben. Bleibt man in diesem Vergleich, dann sind die elektrischen Leitungen, die durch Rumpf und Tragflächen eines Flugzeugs führen, die Nervenstränge. Die hydraulischen Anlagen, mit denen sich Fahrwerk, Tragflächen und Leitwerk bewegen lassen, sind die Muskeln. Die Druck- und Klimaanlage macht, was beim Menschen die Lungen machen, und die Triebwerke sind das pulsierende Herz des Ganzen. Ähnlich wie im Krankenhaus die Fieberkurve eines Patienten auf ein Blatt eingetragen wird, so tragen Flugingenieure und Piloten das „Reading" – so bezeichnet man die von den Instrumenten abgelesenen Werte – ins Bordbuch ein.

Intensivstation Cockpit also. Die alte Dame, die den Ausdruck geprägt hatte, war hinter mich getreten. Sie sah auf die flammende Erde hinab. Australien ist ein sehr eigenartiger Kontinent, und das wird einem beim Fliegen besonders bewusst. Wir waren am späten Nachmittag in Sydney gestartet und hatten zunächst die Hügel von Neu-Südwales überflogen. Bald wurde das Grün der Wälder verdrängt von einer steppenähnlichen Landschaft. Aus dem Flugzeug waren die langen, im Rechteck gepflanzten Hecken zu erkennen, mit denen die australischen Schafzüchter ihre Felder einzäunen. Wenig später hatte diese Geometrie einem Streifenmuster Platz gemacht, das nicht von Menschenhand geschaffen wurde. Wir flogen über felsige Höhenzüge hinweg, die den Eindruck entstehen ließen, als habe hier ein Riese vor Jahrtausenden den Pflug angesetzt. Dann tauchten wieder große, weißleuchtende Salzseen auf. Kaum vorstellbar, dass dort unten überhaupt Leben möglich war. Erst als die Sonne sank, signalisierten uns winzige Lichtpunkte inmitten der schwarzen Wildnis, dass es dort unten Metallschürfer und Opalsucher gab, Farmer und Abenteurer, Einwanderer und „Aborigines". Über allem war ein Sternenhimmel aufgegangen, wie er in dieser Schönheit wohl an keinem anderen Teil der Erde zu finden ist. Wenig später war Alice Springs in Sicht gekommen, die Stadt, die in jedem Kreuzworträtsel auftaucht, nahe dem südlichen Wendekreis, in deren Nachbarschaft es neuerdings sogar eine amerikanische Beobachtungsstation für Satelliten gab.

Im Cockpit herrschte eine merkwürdige Stimmung. Der brandige Geruch des Buschfeuers drang, von der Klimaanlage angezogen, bis in unsere DC-10, die immerhin 10 000 Meter über der Naturkatastrophe dahinzog. Dort unten war die Welt, wie sie vielleicht in Urzeiten ausgesehen hatte. Hier oben flog eine Maschine, die zu dem Kompliziertesten gehörte, was Menschen je ersonnen hatten. Wieder musste ich an den erstaunten Ausruf meines Fluggastes denken. Intensivstation Cockpit. Sind Maschinen wirklich verlässlicher als Menschen?

Es gibt Grenzfälle, wo das Gespür der Besatzung die Daten ergänzen muss, die von den Geräten angezeigt werden. Der Laborbericht zeigt keinen Befund, aber der Arzt spürt, der Patient hat was.

Freilich wird man bei einer Besatzungsbesprechung, wie sie vor jedem Flug stattfindet, auf das Wort „Intuition" vergeblich warten. Für die Crew gelten Messwerte, nicht Eingebungen oder Gefühle. Und doch ist ein solches „Briefing" die menschliche Komponente, die notwendig ist, um die Vielzahl von Daten in einen sinnvollen Zusammenhang zu bringen. Die Flugroute, die Flugzeit, besondere Umstände und Sicherheitsforderungen sowie spezielle Wünsche des Kapitäns an die Crew werden „besprochen". Früher hätte man gesagt beschworen.

Warum ich den Faktor „Gespür" hier so herausstelle? Weil ich bei dem Flug mit der Convair am 20. November 1962 die Bestätigung bekam, dass Gespür nicht gleichzusetzen ist mit Spinnerei. Wir hatten, nachdem es nun einmal den Hinweis des Passagiers auf das veränderte Motorengeräusch gab, alle Anzeigegeräte, die Drehzahlen, die Druckmesser, die Temperaturskalen überprüft. Alles normal. Ich bat die Flugbegleiterin, dem Passagier zu sagen, dass wir nichts gefunden hatten, was auf eine technische Unregelmäßigkeit schließen ließ.

Wir hatten inzwischen den Odenwald und Aschaffenburg überflogen, kurvten auf die Landebahn des Rhein-Main-Flughafens ein, setzten auf und rollten zur Parkposition. Allerdings hatten wir noch keineswegs Feierabend. Die Landung in Frankfurt war eine Zwischenlandung, der Flug führte weiter nach Bremen. Das Wetter hatte sich verschlechtert, und so flogen wir schon bald nach dem Start in Frankfurt inmitten einer Waschküche aus Wolken dahin.

Wir hatten das Funkfeuer Nauheim passiert, als Barbara Wüst wieder im Cockpit auftauchte. „Der rechte Motor. Der Mann sagt ..."

»Ist es etwa wieder der Passagier mit dem Motorentick?«

Hilfloses Nicken. „Der Mann hat von Stuttgart nach Bremen gebucht. Und er sagt, mit unserem rechten Motor stimmt was nicht."

„Mit unserem rechten Motor stimmt was nicht?"

Die Stewardess trat von einem Bein aufs andere. „Er sagt, er hört das am Geräusch. Er hat Erfahrung mit ..."

Ich ließ den Mann mit dem Motorentick ins Cockpit bitten. Er wurde mir von der Stewardess vorgestellt. Er war, wie er sagte, in der Motorenentwicklung eines Automobilwerkes in Untertürkheim beschäftigt. Und er hätte nun mal ein Gehör dafür, ob ein Motor in Ordnung sei. Der rechte Motor unserer Convair sei nicht in Ordnung. Mein Co-Pilot und ich saßen da und lauschten in die Nacht hinaus. Nichts. Wir konnten keinen Unterschied feststellen. Für uns war alles normal, das Geräusch ebenso wie die Werte auf den Überwachungsinstrumenten. Gemeinsam mit unserem Fluggast schauten wir uns die Instrumente noch einmal an. Wir richteten dabei unsere Aufmerksamkeit auf die BMEP-Anzeige. Das Kürzel steht für „break mean effective power", man versteht darunter den Messwert für die an der Luftschraubenwelle ankommende Leistung des Motors.

Nichts. Keine Hinweise auf irgendwelche Unregelmäßigkeiten. Ich bedankte mich bei unserem Fluggast für seine Aufmerksamkeit. Er verabschiedete sich und verschwand in der Kabine. Um 21.13 Uhr landeten wir in Bremen. Drei Minuten später rollten wir auf das Hallenvorfeld, wo die Bremsklötze vorgelegt wurden.

Wir stellten die Motoren ab. Die Passagiere stiegen aus.

Der Co-Pilot und ich lasen, wie vorgeschrieben, die Checkliste für das Verlassen der Maschine. Als wir die Liste durch hatten, packten wir unsere Sachen und gingen die Treppe hinunter. Wir wurden vom Stationsmechaniker erwartet. Er stellte mir die übliche Frage: „Irgendwelche Beanstandungen?"

Es gab keine Beanstandungen. Aber ich berichtete dem Stationsmechaniker von dem Hinweis unseres Passagiers. Ich erwähnte auch, dass es sich um einen Passagier handelte, der Erfahrung mit Motoren hatte.

Und dann vergaß ich die ganze Sache. Ich fuhr ins Hotel. Ich hatte kaum meinen Koffer ausgepackt, als das Telefon klingelte. Der Stationsmechaniker vom Flugplatz meldete sich. Was er sagte, ließ meinen Glauben an die Unfehlbarkeit der Technik leicht angekratzt zurück. Im Filter der Schmierstoffleitung des rechten Motors hatte man Stahl- und Leichtmetallspäne gefunden! Die Ingenieurdirektion in Frankfurt hatte telefonisch entschieden, das Triebwerk auszuwechseln.

Das Triebwerk wurde ausgewechselt. Wie sich herausstellte, war ein Lager schadhaft. Das Kontrollsystem, so ausgeklügelt es war, hatte nichts angezeigt. Das Gehör eines Menschen hatte sich als leistungsfähiger erwiesen als alle Messgeräte der Intensivstation Cockpit. Maschinen sind verlässlicher als Menschen.

Es gibt Ausnahmen.

Landung im Taifun

„Captain, I have a telex for you. From Hongkong. It's a taifun warning. Possibly you stay here. However we have many passengers for Hongkong.“ Der mir das Fernschreiben über den Tresen des Stationsbüros der Lufthansa in New Delhi reichte, sah mich erwartungsvoll an. Er wusste, dass er sich in den wenigen Worten, die er sagte, selbst widersprochen hatte. Es war Mr. Pacheko, Dispatcher, Flugdienstberater, der gute Geist der Besatzungen auf ihrem Weiterflug nach Fernost oder auf ihrem Weg in die Heimat.

Ein Taifun mit Zugrichtung auf Hongkong versetzte die Verkehrsluftfahrt in dieser Region wieder einmal in Alarmzustand. Um die Zeit unseres Eintreffens würde sich der Wirbelsturm nördlich der britischen Kronkolonie befinden. Das aber war das Verteufelte an der Situation, wir mussten mit einem Seitenwind von bis zu 40 Knoten, also fast 80 km/h rechnen. Was eine Landung mit der DC-10 unmöglich machte.

Der Inder schaute mich erwartungsvoll an. Einige Airlines hatten den Verkehr nach Hongkong bereits eingestellt, die Flüge über das Südchinesische Meer annulliert. „Safety first“.

Auf der anderen Seite aber haben wir 120 Passagiere an Bord, deren Reiseziel Hongkong war. Europäer, Amerikaner, Gäste aus allen möglichen Staaten. Und unter den Asiaten Chinesen aus der Volksrepublik, was unser Problem um eine politische Komponente erweiterte.

Was sagte der elektronische Flugplan, der aus Hongkong per Telex eingetroffen war?

Flugzeit Delhi-Bangkok: 03:50 Stunden. Wetter in Bangkok fast windstill, nur mittelhohe Bewölkung. Auch in der Vorhersage gut.

„Alternate", Ausweichflughafen: Chiang Mai, auch gut. Der Lautsprecher des Funkgerätes quäkte. Die LH 660 aus Frankfurt meldete sich. „Estimate", voraussichtliche Ankunft, „on schedule". Die Maschine war pünktlich, technisch ohne Beanstandungen. Pacheko griff zum Mikrofon und gab das letzte Wetter durch: Wind 40 Grad mit 8 Knoten, Sicht mehr als 10 km.

Hier wäre ein „straight-in" möglich gewesen, ein Direktanflug, ohne zeitraubende Platzrunde. Überpünktlich „on blocks". Vielleicht kämen wir dann ein paar Minuten eher raus. Also: 03:50 Stunden bis Bangkok, eine Stunde Bodenzeit oder weniger, dann 03:30 Stunden bis Hongkong. Um diese Zeit würde »Ellen«, so war der Name des Taifuns, die chinesische Küste erreicht haben. Doch die Meteorologen des Royal Observatory ließen einen Spielraum. Sie kannten die Launen der Wirbelstürme so gut wie wir.

Also, Auftanken. Flug nach Bangkok wie im Plan.

Mr. Pacheko fiel ein Stein vom Herzen. Ich unterschrieb den Flugplan. „See you on bord", sagte er lachend. Die letzten Unterlagen würde er uns kurz vor Abflug ins Cockpit bringen.

Auf dem Weg zum Zoll, der immer wieder in Stichproben die Koffer der ausreisenden Besatzungen inspizierte, ob auch ja keine antiken Souvenirs ohne behördliche Genehmigung ausgeführt würden, oder die Damen Taschen aus Schlangenleder exportierten (Internationales Artenschutzabkommen!) traf ich Herbert Gurschke, den Stationsleiter. „Hab' gehört, Ihr fliegt," rief er über die Köpfe der sich durch das Terminal schiebenden Passagiere, deren Familien oder Freunde. Auch er war erleichtert. Wohin mit den Paxen? Wohin mit ihnen, wenn wir uns anders entschlossen hätten? Gepäck entladen, Formalitäten mit den Einwanderungsbehörden – es fehlten ja die Visa. Theater mit dem Zoll, Umbuchen, neue Verbindungen heraussuchen, evtl. Hotelzimmer organisieren, Fragen zur Kenntnis nehmen, Antworten parat haben, Telefongespräche anmelden, die vielleicht erst nach Stunden hätten geführt werden können. Herbert war uns los. Er lächelte, während er über die schlafenden Passagiere stieg, die wie ein Mosaik den Boden der Abflughalle bedeckten. Menschen mit einem uns unbekannten Ziel. Auf geht's, noch 30 Minuten bis zum Abruf!

07.23 Uhr, der Kalender zeigte den 24. August 1976, Start in einen sonnenüberfluteten Morgen. Im Cockpit Co-Pilot Christensen, Flugingenieur Keller und ich. Übrigens mein 6978. Flug im Liniendienst der Lufthansa (Einsätze für Condor eingeschlossen). Luftstraße R 60, Flughöhe 37 000 Fuß = 11 300 Meter.

Zunächst dem Ganges folgend bis Kalkutta. Die Sonne blendete. Christensen und ich klappten die durchsichtigen Blenden herunter und bugsierten eine dritte so hin, dass auch Keller seine Instrumente überwachen konnte. Stromversorgung, Öl, Hydraulik, Kraftstoff, Klimaanlage, Kabinendruck, Vibration der Triebwerke und so weiter. Drei Daumen signalisierten dreifache Zufriedenheit.

Benares tauchte auf. Nicht die Stadt, die im Morgendunst unter uns lag, interessierte uns, sondern das Funkfeuer, der Sender Varanasi. Einmal wegen der Zeit, zu der wir diesen Pflichtmeldepunkt überflogen, zum anderen, um die Hochrechnung für das Passieren von Gaya der indischen Flugsicherung mitzuteilen. Wichtig, denn 99 nautische Meilen weiter, mündet die von Katmandu kommende Luftstraße R 81 ein. Katmandu. Eine Faszination geht von dieser Stadt aus. Ein Wunschziel für jeden Bergsteiger. Weit im Norden nur zu ahnen. Über dreihundert Kilometer Luftlinie. Doch die Kulisse hinter dieser Stadt war nicht zu übersehen: die Giganten des Himalaya. Links der Dhaulagiri, in dessen riesige, wegen ihres Steinschlages gefürchtete Südwand die ersten Strahlen der Sonne fielen. Der Wurf der Schatten machte sie harmlos. Wie eine Treppe stand sie da, einer hinterlistigen Einladung gleich. Weiter im Osten der Mt. Everest, oder Tschomolungma, wie man dort drüben in Tibet sagt, 8882 m hoch. Dazwischen Annapurna, Gaurishankar und Makalu. Sie alle mit einer Haube dünner Wolken umkränzt. Untrügliches Zeichen für zunehmende Feuchte in großer Höhe, für einen baldigen Wetterumschwung.

Hinter mir in der Kabine wurde das Frühstück vorbereitet. Sicher schlief man noch, besonders in der ersten Klasse. Egal, um dieses Anblicks ist es wert, geweckt zu werden. Behutsam sprach ich meine Worte ins Mikrofon, aber ein wenig Emotion schwang mit. Und plötzlich drängten die Kolleginnen und Kollegen aus der Kabine nach vorn, wollten den Blick aus den großen Fenstern genießen. Einige flogen diese Strecke zum ersten Mal.

Kalkutta kam näher, der Golf von Bengalen. Dacca Control wollte gerufen werden, weil wir die FIR, den Flugsicherungsbereich von Bangladesch berührten. Sich melden heißt: bezahlen. Einer Führung bedurften wir nicht, aber vielleicht nützen wir eure Luftstraße ab.

Merkwürdig die nächste Forderung: wir sollten den Transponder, das automatische Antwortgerät für die Radarkontrolle der Flugsicherung, auf den Code A 5000 setzen. Aus Burma erhielten wir nun die Air-Defence-Nummer, die Nummer für die Luftverteidigung! War hier noch Krieg, oder spielte man nur Krieg?

Rangoon kam in Sicht. Aufpassen, den Kurs leicht korrigieren, nördlich vom Stadtkern bleiben, ja nicht über die goldene Pagode fliegen. Auch nicht in einer Höhe von 12 000 Metern!

Auf UKW empfingen wir die Wettermeldungen von Bangkok. Dann müssten wir in wenigen Minuten auch unsere Companyfrequenz, unsere Lufthansastation auf firmeneigener Wellenlänge empfangen können.

„Lufthansa Bangkok von Lufthansa 660, do you read?"

„Lufthansa 660 from Lufthansa Bangkok, go ahead."

Ab und zu unterbrochen, doch mit etwas Phantasie verständlich, die Stimme unseres Stationsleiters auf dem Flughafen. Wir gaben ihm unsere voraussichtliche Ankunftszeit durch, und er revanchierte sich mit der Durchsage der Parkposition am Terminal. So konnten wir uns beide aufeinander einspielen. „Be ahead!" Denke und plane voraus!

Und zwangsläufig kam auch das, womit wir längst gerechnet hatten: die Warnungen, die Fernschreiben der Wetterämter, die Informationen der Dispatcher aus Hongkong, aber auch die Anfragen der Verkehrszentrale in Frankfurt. Unsere Antwort aus der Luft war: „Standby, wartet, bis wir gelandet sind. Alle Unterlagen an Bord bringen. Bis gleich."

Ein problemloser Anflug über die Reisfelder, die Kiongs, den Menamfluss, Landung auf der linken Bahn, denn die rechte wurde laut Angabe in den NOTAMs, den Nachrichten für Luftfahrer, zum Zurückrollen benötigt. Der Grund: Ausbesserungsarbeiten an den Zufahrtswegen zu den Abstellpositionen.

Arbeiten am Beton. Aber nicht wie in Frankfurt oder New York, wie in Sydney oder Caracas mit schwerem Gerät. Nein, Frauen, Mädchen sammelten die losgebrochenen Gesteinsbrocken in kleine Körbe und trugen sie auf dem Kopf in bereitstehende Lastwagen. Unser Außenthermometer zeigte 29 Grad im Schatten. Und dort, wo die Thais arbeiteten, knallte die Sonne unbarmherzig auf den Asphalt.

Aufpassen! Den nächsten Taxiway links rein, das Vorfeld zum Flughafengebäude ist eng. Erst dem Lichtzeichen folgen, dann dem Einwinker. Parkbremse setzen, Triebwerke abstellen, Anschnallzeichen aus, Checkliste lesen, den Weiterflug planen.

Weiterflug? Reichlich Papier stand dem entgegen. Fernschreiben, Mitteilungen, Informationen, Warnungen. Alle Airlines im Bereich Fernost hatten ihre Flüge nach Hongkong abgesagt.

Der stellvertretende Stationsleiter, Herr Stumpf, schaute mich an, er wartete auf meine Anweisungen. Schräg hinter mir wusste ich meinen Flugingenieur, Hans-Jürgen Keller, ruhig, sorgfältig, fast pedantisch, zuweilen sehr nachdenklich. Sein Lieblingsphilosoph, über den wir sooft gesprochen hatten, war Spinoza, der große Niederländer, der die Menschen nur als Attribut der göttlichen Substanz sah. Hier wurde es evident. In der Konfrontation: die Naturgewalten und das sich einordnende, sich unterordnende Individuum. Und dennoch war der Mensch nicht machtlos. Er hatte Erfahrungen. Er hatte das Wissen um die Naturgesetze.

Mit Keller war ich schon vor zwanzig Jahren in einer Crew geflogen. Damals noch auf der Super-Constellation, er als Funker, ich als Co-Pilot. Sein Arbeitsplatz an der Taste war dem Sprechfunkverkehr zum Opfer gefallen. Er hatte die Flucht nach vorn angetreten und hatte sich zum Flugingenieur umschulen lassen. Jahrelang hatten wir keinen gemeinsamen Einsatz, aber ich kannte noch sein Hobby, das auch das meine war: die Meteorologie. Wenn ich nun ... Das war zwar keine Lösung des Problems, aber ein Weg, sich der Herausforderung ohne Sicherheitsrisiko zu stellen. Herr Stumpf wurde langsam ungeduldig. Die Tanker warteten. Eine neue Wettermeldung traf ein. Hongkong gab: Wind 40°, 30 Knoten, Böen bis 40 Knoten, schwere Regenschauer. Angeheftet an diese Meldung war ein weiteres Telex mit der neuen Position des Taifuns. In der Vorhersage revidiert, zeigte „Ellen“ eine Tendenz nach links, eine neue Richtung, die genau auf Hongkong zielte.

Christensen und Keller schauten mir über die Schulter. Niemand sagte ein Wort, aber jeder von uns sah da eine Möglichkeit. Der Wirbelsturm musste jetzt an Intensität verlieren. Er würde in Küstennähe nicht mehr so viel Energie aus dem warmen Wasser des südchinesischen Meeres aufnehmen, und wenn der Drall nach links anhalten würde, müsste der Wind bald in Richtung der Landebahn 31 wehen. Seine Stärke wäre dann für uns nur noch von sekundärer Bedeutung. Doch halt, die Ausweichflughäfen, falls unsere im Moment recht optimistische Rechnung nicht aufgehen sollte:

1. Manila. Zwar warm, um nicht zu sagen heiß, mit 34 Grad Celsius, aber wolkenlos mit nur leichtem Wind.

2. Taipeh. 8/8 mittelhohe Wolken, das heißt bedeckt, bei guter Sicht, also brauchbar, und dennoch nur im äußersten Notfall. Denn wie war das doch? Wir hatten „Rotchinesen" an Bord und mit ihnen sollte man tunlichst nicht auf Taiwan landen.

Die Situation war kalkulierbar.

„Herr Stumpf, Sprit laufen lassen bis Minimum, wir rechnen schnell aus, was wir mitnehmen." Unser Kollege von der Station verschwand, um per Walkie-Talkie die vorläufige Betankungsmenge durchzugeben. Ich wusste, was er dachte. „Gott sei Dank, der Dampfer geht raus." Ein durchaus legitimer Gedanke einer an Pünktlichkeit orientierten Mannschaft.

Das Minimum, das ich eben angesprochen hatte, war die letzte der vielen Zahlen auf dem elektronischen Flugplan, der von unseren Dispatchern übermittelt worden war, und er basierte auf folgenden Werten:

Kraftstoff für 03:30 Flugzeit
plus 5% Sicherheit
plus 1/2 h Stunde Warteflug
plus Flug zum weitesten der beiden Ausweichhäfen
plus 10 Minuten zum Rollen

Das ergab das eben angesprochene Minimum von 44.6 Tonnen. Ich hatte genügend Spielraum und konnte mir in Anbetracht der Wetterlage eine zusätzliche Reserve für drei Stunden leisten. Dem Lufthansa-Mechaniker, der in der Cockpittür stand, rief ich zu: »Wir tanken 67 Tonnen.« Meine Stewardessen, die nur zögernd die frisch an Bord gebrachten tropischen Früchte, zumeist Litschies, dazu kühlen Orangensaft für den Service vorbereiteten, trauten ihren Ohren nicht.

»Wir fliegen?« Ja, und es kostete mich ein wenig Mühe, die Situation so darzustellen, wie sie war. Zwar ernst, doch ohne Risiko, da rechtzeitig der Ausweg zur sicheren Seite angetreten werden konnte.

Das Tanken war beendet und der Ruf „Paxe" schreckte uns auf.

Jetzt kam es darauf an, inwieweit sich unsere Theorie in die Praxis umsetzen ließ. Ein Drei-Mann-Cockpit, jeder hatte seine klar definierte Aufgabe. Ich flog, Christensen übernahm den Sprechfunkverkehr mit der Flugsicherung, wir beide machten Navigation, während Keller eine doppelte Aufgabe zu übernehmen hatte, nämlich die des Flugingenieurs und zusätzlich die eines Wetterbeobachters, der die Meldungen aus Hongkong in eine Karte übertrug und so den Weg des Taifuns grafisch festhielt.

Unser Flug führte zunächst nach Süden.

Hier wird nun dem aufmerksamen Leser eine vermeintliche Ungereimtheit unseres Tuns auffallen. Für den Flug von Bangkok nach Hongkong hatten wir 03:30 angesetzt, obwohl der gelbe Flugplan für den Passagier nur 02:40 ausweist. Zudem führt laut Karte im Bordbuch der rote Strich der Luftstraße von Bangkok zunächst nach Da Nang, also nach Osten. Des Rätsels Lösung: Bei dem hier dokumentierten Flug schreiben wir das Jahr 1976, Monat August. Der Luftraum über Vietnam ist gesperrt, obwohl der Krieg seit einem Jahr zu Ende ist.

Das heißt, als die Kämpfe dort unten noch tobten, waren die Luftstraßen frei, geöffnet für den zivilen Verkehr. Ein Paradoxon. Bei Nacht sah man das Mündungsfeuer der Geschütze, die tödlichen Perlenschnüre der Leuchtspurmunition. Am Tage das lehmfarbene Band des sich durch die grüne Hölle schlängelnden Hoh-Tschi-Minh-Pfades, aber auch die künstlich entlaubten Wälder in der Nähe der Grenze zu Laos. Bis in unsere Höhe reichte das Grauen nicht. Eine makabre Grenze, horizontal, trennte die Welten.

Im Mai 1975 siegte der Vietkong. Die Mitglieder der südvietnamesischen Regierung gingen größtenteils ins Exil, die trügerische Ordnung im Luftraum brach zusammen. „Prohibited" stand nun in unseren Karten für die Saigon FIR. Auch die Flugsicherung hatte kapituliert. Für uns wurde das Fliegen teurer. Der neue Flugweg entlang der Küste von Kambodscha und Vietnam kostete zusätzlich eine Stunde. Flugzeit, Arbeitszeit, Betriebsstunden, Kraftstoff. Ein Verlust auf vielen Gebieten.

Unsere Position: querab Hoh-Chi-Minh-Ville. Dem alten Funkfeuer Saigon hatte man wohl vergessen, die neue Morsekennung einzugeben, es befand sich im Zustand des Interregnums, es strahlte nichts mehr aus.

Erster Kontakt mit Hongkong auf der Kurzwelle. „Are you informed about the situation? Do you know the intensity of the taifun and its last position?"

„Jawohl, die Situation ist uns bekannt. Wir setzen zunächst unseren Flug fort und werden voraussichtlich um 09.00 Uhr (GMT) in Hongkong sein, das heißt, in zwei Stunden."

Die Informationen überschnitten sich jetzt. Keller hörte die Meldungen ab, die von der Wetterwarte herausgegeben wurden. Seine Eintragungen erfuhren durch die Warnungen der Flugsicherung nur noch einmal ihre Bestätigung. Mein Flugingenieur war dem Kapitän und dem Co-Piloten jeweils um ein paar Minuten voraus, überlegen. Ostwärts Da Nang begann sich der Himmel zu überziehen. Die ersten Zirren tauchten am tiefblauen Himmel auf. Vorboten des Tiefdrucksystems, dessen Kern mit einem Druck von 994,5 Millibar sich wie rasend drehte und wie ein Kreisel, angetrieben von der Peitsche meteorologischer Gegensätze, auf die chinesische Küste zulief. Wolkenfetzen huschten an uns vorbei.

Der Grad der Bedeckung nahm zu, die Schrägsicht verschlechterte sich. Die Inseln der Paracelsus-Gruppe waren, trotz ihrer pittoresken Gestalt, nur noch schwach zu erkennen. Inmitten eines azurfarbenen Meeres das helle Grün der Korallenbänke, wie die Süßwassertümpel in der Schneewüste des grönländischen Sommers. Eine verblüffende Beobachtung. Dazu das Weiß unberührter Strände. Unbewohntes Paradies. Der Flug wurde unruhiger. Zeit, das Wetterradar einzuschalten, um zu vermeiden, dass man unversehens in einen Wolkenturm mit starker Turbulenz gerät. Kein Echo auf dem Schirm.

Nur Schichtwolken als Zeichen der Aufgleitbewegung feuchtwarmer Luftmassen.

Dennoch nahm die Vertikalbewegung im Grenzgebiet unterschiedlicher Luftströmungen zu, so, als würde plötzlich eine frische Brise über die noch ruhige Oberfläche eines Sees streichen. Wellen. Wir begannen mitzuschaukeln. Christensen sah mich fragend an.

Ich nickte.

„Fasten seat belt." Der Schalter klickte. „Bitte anschnallen."

Die Cockpittür wurde geöffnet. Eine Kollegin vom Auspuff, wie sie selbst scherzhaft ihren hinteren Sicherheits- und Servicebereich bezeichnete, schaute herein, duckte sich, um voraus einen Blick in die Zukunft tun zu können. In der Cabincrew hatte sich doch ein wenig Unsicherheit breit gemacht. Was tun die da vorn? Was wissen sie? Wie lange wird es noch dauern? Fliegen wir nach Hongkong oder sind wir schon auf Ausweichkurs?

„Wir sind immer noch auf der Luftstraße nach Hongkong. Sehen Sie selbst." Ich zeigte mit todernstem Gesicht nach rechts vorn. Dort war im diffusen Sonnenlicht, wie auf einer Leinwand aus dünnen Wolken, unser Flugzeug als Schatten zu erkennen. Dahinter ein langer, dunkler Strich.

„Wirklich die Luftstraße?"

Die Lage war zu ernst, um die junge Dame auf den Arm zu nehmen. Ich zeigte und erklärte ihr, dass der lange Strich in den Wolken nichts anderes sei, als der Schatten des eigenen Kondensstreifens, den wir hinter uns herzogen.

Keller tippte auf meinen Arm. Seine neue Eintragung in die Karte ließ einen erfolgreichen Anflug auf Kai Tak-Airport durchaus als möglich erscheinen. Das Zentrum des tropischen Wirbelsturms marschierte exakt auf die britische Kronkolonie zu. Der Wind begann zu drehen. Wie zur Bestätigung vernahm ich die Durchsage auf der Wetterfrequenz in meinem Kopfhörer.

Auf der Flugsicherungswelle dagegen herrschte Totenstille. Außer uns war kein anderes Flugzeug in diesem Gebiet.

Noch etwa eine Stunde bis zur Landung.

Es erschien nun angebracht, auch den Passagieren die Lage zu erläutern. Nachdem ich mir jedes Wort genau überlegt hatte, griff ich zum Mikrofon. Und was ich erzählte, ging über eine nüchterne Ansage weit hinaus. Die in der Kabine sollten merken, dass hier vorn Menschen saßen und keine Helden, die in kritischen Situationen unkontrolliert über sich selbst hinauswachsen würden – zum Verderben aller. So vermied ich auch peinlich die Formulierung: „Wir werden versuchen ..."

Wir würden etwas tun, und zwar das jeweils angemessen Richtige. In jahrelangem Training immer wieder eingebläut. „Procedure", festgelegte Verfahren. Fliegen ohne Experimente. In Hongkong landen oder nach Manila ausweichen, mit einer rechtzeitigen Entscheidung für das eine oder das andere.

Noch während ich die Ansage auf englisch wiederholte, sah ich den Co-Piloten ins Mikrofon sprechen. Er hatte Kontakt auf UKW, oder auf VHF (very high frequency), wie es offiziell heißt. Hongkong Approach, Anflugkontrolle. Ich hörte mit. Ich musste schmunzeln, denn der da sprach, war zweifellos der Supervisor, der Aufsichtführende oder Schichtleiter. Und wie er sprach, so sah ich das Bild des Menschen vor mir, dem wir von nun an unser Vertrauen schenken sollten, schenken mussten. Eine tiefe, ruhige Stimme, in der Diktion und im Tonfall „Kingsenglish", Souveränität ausstrahlend. Er hatte bestimmt einen riesigen, roten, gezwirbelten Schnurrbart, dessen Spitzen auch jetzt nicht zitterten. Er hatte die Dinge im Griff.

Er sähe, so meinte er, auf seinem Radarschirm eine Chance. Keine zusammenhängende Wolkenbarriere. Lücken.

Auch ich hatte das grünleuchtende Echo der sich hochauftürmenden Wolken auf meiner Radarscheibe. So ganz anders als damals, als ein „Willy-Willy", so der Name der nordaustralischen tropischen Wirbelstürme, über die Stadt Darwin hinwegfegte. Hier sah auch ich ein Schlupfloch, vielleicht sogar mehrere.

„Continue", macht weiter, sagte mein väterlicher Freund in der Flugsicherung. Ich war überzeugt, der kennt Hongkong, den Luftraum, das Wettergeschehen auch in extremen Situationen, aber auch die Belastung, der eine Flugzeugbesatzung nach zehn Stunden Dienstzeit standhalten muss.

Welche Landebahn denn „in use" sei, für uns infrage käme, wollte Christensen wissen.

Er könne es noch nicht sagen, es käme auf den Wind zur voraussichtlichen Landezeit an und auf die Stelle, an der gerade ein Regenschauer niedergehen würde. „Continue."

Mein Gott, wie oft war ich jetzt schon in Hongkong gelandet, doch ich hörte diese Stimme zum ersten Mal. Sie begeisterte mich und flößte mir Vertrauen, Selbstvertrauen ein. „Continue." Jungs, kommt runter, ich deck' euch den Tisch!

Wir hatten nach der Freigabe durch die Flugsicherung längst unsere Reiseflughöhe verlassen, um so früh wie möglich unter die Basis der Wolken zu kommen, zumindest in eine Höhe, in der die Intensität der sich verwirbelnden Luftströmungen gemindert war.

Zwei Wolkentürme sah ich auf meinem Radar unmittelbar vor uns. Dazwischen aber einen schmalen, freien Raum, eine Gasse. Jetzt kam's drauf an.

„Attention Crew, bitte Service einstellen, alles verzurren, hinsetzen," gab ich über die Lautsprecheranlage in die Kabine.

Es wurde turbulent. Die Maschine zitterte, tanzte, sie schien nicht hindurch zu wollen. Auf- und Abwinde in kurzer Folge. Etwa zwei Minuten und dann ... Ruhe.

Wir kurvten ein auf die uns zugewiesene Landebahn 31, also nach Nordwesten. Anflug von See.

„Switch over to tower", letzter Frequenzwechsel. Ich kuppelte den Autopiloten aus, der in der Stellung „turbulence mode" Hervorragendes geleistet hatte, und flog von Hand weiter. Die Lichter der Bahn kamen in Sicht. Der Wind, das zeigte die Digitalanzeige des Navigationscomputers, war fast eingeschlafen. „Scheibenwischer aus!"

Noch einmal packte es uns, beim Passieren des Lei Yu Mun Gap, der Schlucht zwischen der Insel Hongkong und dem Festland im Osten mit seinen Bergen und Fallwinden.

„Cleared to land," frei zur Landung, gab der Tower.

Über der Landebahnschwelle, die senkrecht aus dem Wasser aufragt und so eine Flugzeugträgerlandung simuliert, leicht abfangen, Gas raus, am 1000-Fuß-Punkt sitzen, Schubumkehr, bremsen. – Etwas weiche Knie? ... Ja.

„Thank you for cooperation", war unser Dank.

Bremsklötze vor. Die Uhr zeigte 18.08 Hongkong Sommerzeit. Nur 18 Minuten Verspätung!

Herr Stricker, unser Stationsleiter, sagte nicht viel, als er nach dem Aussteigen der Passagiere das Cockpit betrat.

„Kinder, dass ihr kommt!"

Was dann folgte, ist jedem Passagier bekannt. Fahrt mit dem Bus zum Terminal. Pass- bzw. Ausweiskontrolle. Warten auf's Gepäck. Die Halle war fast menschenleer. Nur ein Gepäckband lief, das für die LH 660. Kontrolle durch den Zoll. Gepäckverladen. Einsteigen. Der Zeitaufwand für diese Prozedur betrug etwa eine halbe Stunde.

AIs wir ins Hotel fuhren, änderte sich die Situation schlagartig. Sturm kam auf. Es goss wie aus Eimern. Das Wasser rann, einem Sturzbach gleich, über die Fenster des Busses. Ein Blick nach draußen war nicht mehr möglich. Im Schritttempo fuhren wir durch Kowloon. Ein Gedanke machte sich breit, eine Gewissheit, die jedoch niemand aussprach. Wir hatten genau die paar Minuten erwischt, in denen eine Landung möglich war! Wir waren durch eine Gasse, die sich uns öffnete, ins Auge des Taifuns geflogen. Jetzt waren wir auf der Rückseite des Wirbelsturms. Alarmstufe 8 im hervorragend organisierten Warnsystem. Das schwarze Zeichen am Mast des Marineclubs, zwei auf der Spitze stehende Dreiecke, tanzte und riss an den Tauen, die es hielten.

Auf dem Hotelzimmer des Hongkong-Sheraton verfolgte ich nun im TV und im Radio das weitere Geschehen. Ein Blick aus dem Fenster auf den Hafen war mir verwehrt. Die Sicht betrug nur noch wenige Meter. Irgend etwas flog in der Höhe des 12. Stockwerks vorbei. Abgerissen von einem Dach oder hochgewirbelt von der Straße, ein nicht zu identifizierendes Etwas, dem ein zweites, ein drittes folgte. In diesem Inferno schlief ich ein. Als ich erwachte, war es früher Nachmittag des nächsten Tages. Ich hatte achtzehn Stunden geschlafen. Anspannung, Zeit- und Klima-Unterschied waren doch nicht spurlos an mir vorübergegangen. Durch die Vorhänge blinzelte die Sonne. Der Spuk war vorbei.

Unter der Tür steckte die Morgenausgabe der »Hongkong Times«. Die ersten Berichte waren bereits erschienen. Schwere Schäden auf der Insel Cheung Chau, in den New Territories. Die Bahnlinie nach Guangzhou (Canton) war unterbrochen. In Kowloon hatte ein Erdrutsch die an den Berg gelehnten Wohnblöcke für umgesiedelte Familien teilweise eingedrückt. Ein Bild auf der ersten Seite der Zeitung zeigte einen Polizisten, bis zu den Knien im Wasser, bei dem Bemühen, den Verkehr zu regeln.

Nach dem Frühstück, oder dem, was man am Nachmittag dafür zu halten bereit ist, ging ich die Nathan Road hinauf zum Royal Observatory, dem Königlichen Observatorium, um dem diensthabenden Meteorologen meine Aufwartung zu machen. Man war schon informiert. Kein Kommentar, nur wenige Fragen, höfliches Selbstbewusstsein. War das chinesisch, britisch? Für mich eine beglückende Synthese. Man reichte mir eine Wetterkarte.

Eingetragen war der Weg „unseres" Taifuns in den letzten sechs Stunden vor unserer Landung. Dieses Dokument liegt, während ich hier schreibe, vor mir.

Vor wenigen Monaten besuchte ich noch einmal das Observatorium. Dr T. S. Cheng zeigte mir neue Geräte zur Vervollkommnung des Taifunwarnsystems, einschließlich der Antennen für die Satellitenbeobachtung des Wetters.

Und dann führte er mir einen Film vor, der während eines Taifuns gedreht worden war. Der Titel: „Vier Tage im August."

Ich fragte Dr. Cheng. „In welchem Jahr?"

„Im August", sagte er.

„Im August in welchem Jahr?" beharrte ich.

Er lächelte nur. „Seit Jahrhunderten in jedem."

Ausgetrickst

Die Nachricht, gezielt an mich gerichtet, kam nicht per Telefon, nicht per Funk, sondern persönlich von einem Kollegen hinter vorgehaltener Hand, sozusagen per Kurier: „Auf Ihre Maschine, Herr Terjung, die Sie heute nacht als LH 619 von Dharan nach Kairo zurückfliegen, ist ein Anschlag geplant. Sie werden gebeten, ohne Passagiere zurückzukommen."

Diese Art der Nachrichtenübermittlung war mir neu, aber nach den Umständen ernst zu nehmen. „Wer ist außer uns beiden eingeweiht?" war meine Frage.

Antwort: „Im Bereich Nah-Ost noch niemand." Ich war in meinen Entscheidungen einsam auf mich selbst gestellt.

Die Nachricht war wundersame Wege gegangen. Sie ließ sich trotz intensiver Nachforschungen nicht mehr exakt zurückverfolgen, zumindest nicht für mich. Das Innenministerium in Bonn schien informiert; die Quelle aber lag wohl beim israelischen Geheimdienst, der sich in speziellen Fällen als äußerst zuverlässig erwiesen hatte. Start in Kairo mit der B 727 D-ABIH um 19.25 Uhr Ortszeit.

Mit mir im Cockpit sind Co-Pilot Heldmeier, Flugingenieur Pauer und als zusätzlicher Mechaniker für die routinemäßige Umkehrkontrolle in Dharan/Saudi-Arabien Mr. Badawi, ein äußerst sympathischer und zuverlässiger Kollege aus Nubien, dem südlichsten Teil Ägyptens. Niemand weiß von der Warnung, die mich erreicht hat.

Wir nehmen Südkurs und fliegen Luxor an, das 500 km vor uns liegt. Radionavigation, d.h. sauberer Abflug vom Drehfunkfeuer Kairo, das im UKW-Bereich arbeitet, um gleich die Zuverlässigkeit des Dopplerradars zu überprüfen, das wir später, bei der Überquerung der großen Wüste zwischen dem Roten Meer und dem Persischen

Golf, wegen mangelnder Navigationshilfen am Boden dringend benötigen. Es handelt sich dabei um einen Sensor, der die Frequenzverschiebung eines nach vorn und eines zur Seite ausgeschickten Funkstrahls nach seiner Reflektion vom Boden exakt misst. Ähnlich dem Tonhöhensprung bei einem vorbeifahrenden Rennwagen, einer pfeifenden Lokomotive oder dem Martinshorn eines Polizeifahrzeuges. Der Dopplereffekt, wie man diese Erscheinung nennt. Man nutzte ihn zur Kursfindung und Windmessung, während auf den Interkontinentalstrecken bereits die Trägheitsnavigation, das INS, eingeführt wurde. Erst über Luxor machen wir eine Kursänderung nach Osten, um so den israelischen Luftraum weiträumig zu umfliegen. Vor uns liegt die zerklüftete Wüste mit ihren Wadis, die sich in Jahrtausenden tief in den porösen Fels eingefressen haben. Jetzt ist es an der Zeit, zumindest die Cockpitbesatzung in unsere delikate Lage einzuweihen. Ich habe mir alles genau überlegt, um jede Gefahr für das Leben der Besatzung und der Passagiere, aber auch für die Erhaltung des Flugzeugs, so weit wie möglich auszuschließen.

Bei den Kollegen hier vorn auf engstem Raum Ruhe und Erstaunen, nüchterne Beurteilung der Situation und des uns gegebenen Handlungsspielraums. Da wir nicht wissen, von welcher Art der angeblich auf uns geplante Anschlag ist, müssen wir so breit wie möglich alles abdecken. Das Flugzeug am Umkehrpunkt in Dharan einfach für zusteigende Passagiere zu sperren, erscheint mir als Maßnahme zu gering. Die Maschine selbst ist als Faustpfand immer noch teuer genug. Was wir jetzt brauchen, ist ein defektes Flugzeug, das zu kapern sich nicht lohnt, und wir brauchen Zeugen, die dies bestätigen.

Der Plan wird durchgesprochen, die Rollen werden verteilt, jeder von uns Vieren zum Stillschweigen verpflichtet.

Hail, der Navigationssender in der Mitte Saudi-Arabiens, liegt inzwischen hinter uns. Noch etwa eine Stunde bis Dharan. Jetzt kommt es darauf an, die Passagiere registrieren zu lassen, dass irgend etwas mit dem Vogel nicht in Ordnung ist, ohne sie dabei nervös zu machen.

Ingenieur Pauer schaltet die Temperaturautomatik der Klimaanlage kurzfristig aus und fährt von Hand, so dass die Celsiusgrade in der Kabine nicht ansteigen, im System aber nach oben klettern. Ölrückstände verdampfen jetzt, die man in der Kabine riecht.

Unsere auf feinste Unterschiede geschulten Nasen sprechen an.

Jeden Moment muss sich die Cockpittür öffnen, ein Kopf erscheinen, um Meldung zu machen, dass ...

Ingenieur Pauer hat schon den Finger auf dem Testknopf für die Klingel der Feuerwarnanlage. Da kommt der erwartete Augenblick: Die Tür geht auf, ein Steward erscheint, ... doch zur Meldung kommt er nicht mehr.

Die Glocke schrillt, rote Warnlichter leuchten auf, Kommandos werden gegeben, beantwortet, die Checkliste gelesen – nur, Hebel bewegt, Schalter gedreht, all das geschieht nicht mehr.

Unser Kollege aus der Kabine hat erschreckt und offensichtlich tief beeindruckt das Cockpit wieder verlassen, um den Passagieren zu berichten, er habe selbst gesehen, dass da vorn etwas nicht ganz koscher sei.

Ich aber kann den Gästen über Mikrofon beruhigend mitteilen, dass es sich um einen kleinen, technischen Defekt ohne besondere Bedeutung handelt. Dass ich dabei keinen blauen Dunst erzähle, ist allen klar, denn jedem gab ich Gelegenheit zu riechen. Was ich allerdings dabei einkalkuliere, ist die Tatsache, dass die meisten Flugreisenden gern ein wenig dramatisieren und am Boden das Außergewöhnliche um ein Vielfaches gesteigert, an Dritte weitergeben.

Was jetzt noch fehlt, ist der Versuch, der Flugsicherung einen technischen Zustand der Maschine zu beschreiben, der vorrangige Behandlung im Landeanflug verlangt.

Wir nehmen Sprechkontakt mit Bahrein auf. Der englische Fluglotse auf der Ölinsel begreift sofort, räumt uns Priorität ein und gibt uns ab an den Tower in Dharan.

Wir rufen, keine Antwort. Erneuter Ruf. Eine verschlafene Stimme meldet sich und bittet um Wiederholung unseres Anrufs.

Es folgen Positionsmeldung, erwarteter Zeitpunkt des Eintreffens über dem Ansteuerungsfunkfeuer von Dharan, schließlich die Beschreibung des fingierten, schlechten technischen Zustandes an Bord und die sich daraus ergebende Bitte um bevorzugte Landefreigabe. Eine überflüssige Bitte, wie ich aus der Erfahrung weiß, denn um diese mitternächtliche Stunde tut sich auf dem Flughafen hier an der saudischen Ölküste ohnehin nichts. Plötzlich ist unser Gesprächspartner am Boden hellwach. Ob wir auch die Feuerwehr brauchen, will er aufgeregt wissen.

Eine gute Frage, die wir bejahen, denn wir wissen nicht, was da gegen uns geplant ist. Außerdem erwarten wir bei der am Boden so bezeichneten „Fire Brigade" nicht viel mehr als ein von einem Esel gezogenes besseres Jauchefass.

Dharan kommt näher. Unter uns die wie vielarmige Leuchter gefächerten Erdgasfackeln der Ölquellen. Es riecht penetrant bis in unsere Höhe von 3000 Metern, durch die wir im Leerlauf sinken. Selbst die Turbulenz der auf diese Weise aufgeheizten Luft beginnt sich bemerkbar zu machen. „Bitte anschnallen!"

Wir werden direkt zum Flughafen freigegeben. Die beleuchteten Rechtecke der Arbeitercamps tauchen aus dem Dunst auf. Das Gelbrot der Ölfeuer wechselt über in das grelle Weiß der Straßenbeleuchtung synthetischer Städte.

In 800 m Höhe kurve ich ein zum Endanflug nach Sicht. Die Landebahn liegt vor uns, die Lampen der Seitenbegrenzung sind zu erkennen, hinzu aber kommen viele kleine, rotierende, rote Lichter, die in das mir vertraute Bild nicht hineinpassen wollen.

Sollte das ...? Ja, natürlich, das sind die Warn- und Hindernisleuchten Dutzender von Feuerlöschfahrzeugen, die sich jetzt, da wir den Boden berühren, in Bewegung setzen und uns folgen. Es ist 03.21 Uhr Ortszeit.

Ich rolle vor das Terminal, das eher einer Moschee gleicht, als einem Flughafengebäude, stelle die Triebwerke ab und lasse die Passagiere aussteigen.

Herr Stange, der Lufthansastationsleiter kommt an Bord und fragt uns verwundert, was uns denn fehle. Natürlich hat er in seinem Büro über den Kontrollempfänger den Funkverkehr zwischen uns und den verschiedenen Stellen der Flugsicherung mitbekommen.

Ich ziehe ihn ins Cockpit und schließe die Tür. Noch geht niemanden die Information, die mich in Kairo erreichte, etwas an. Aber Stange muss ich reinen Wein einschenken. Er zeigt sich nicht sonderlich überrascht. 58 Gäste sind für den Flug LH 619 Kairo-Athen-München-Frankfurt gebucht. Er kenne fast alle persönlich, lege für alle seine Hand ins Feuer außer für zwei arabische Studenten, die nach Frankfurt gebucht hätten, weiter nach Amsterdam wollten, um von dort mit einer amerikanischen Gesellschaft in die USA zu fliegen. Da hier in Dharan kein Check auf Waffen durchgeführt werde und sich ein reisender Scheich, gehüllt in lose Gewänder, eine Kontrolle verbitte, ja eine Leibesvisitation zu diplomatischen Verwicklungen führen würde, halte auch er die Entscheidung, ohne Passagiere zurückzufliegen, für die beste Lösung. Er werde alles tun, um den Wartenden eine Alternative anzubieten. Um jedem Risiko zu begegnen, möchte er aber vorschlagen, den Kommandanten der hier stationierten Feuerwehr ins Vertrauen zu ziehen.

Ich wehre energisch ab. Herr Stange aber meint, verschmitzt lächelnd, hier könne nichts passieren, dreht sich um und verlässt das Flugzeug, während wir auftanken lassen und die routinemäßigen Kontrollen beginnen, die sich allerdings für den halbinformierten Beobachter von einer großangelegten Fehlersuche kaum unterscheiden.

Was sich nun in den nächsten Minuten abspielt, könnte einem Filmdrehbuch entstammen, einem Skript zu einer Mischung von James Bond und einer Slapstickkomödie.

Tiefschwarze Nacht am Persischen Golf, 32 Grad bei schweißtreibender 96%iger Luftfeuchte, diesige Sicht, Ölfeuer über der Wüste, im Wasser draußen Bohrinseln mit ihren von riesigen Fackeln erleuchteten Rauchfahnen, die sich an der Inversion zu einem Dunstschleier ausbreiten und die Sterne abdecken.

Rundum rotierende Rotlichter, und über allem der weiße Finger des sich drehenden Scheinwerfers auf einem als Minarett kaschierten Kontrollturm der internationalen Verkehrsluftfahrt, als sei er der Mittelpunkt der Welt.

Aus dem Dunkel taucht plötzlich eine völlig unarabisch aussehende Gestalt auf, groß und breit, wie ein oberbayerischer Bauernschrank, geht vorbei an den Fahrzeugen für die Wartungsarbeiten, tritt auf den etwas unsicher um sich blickenden Kapitän zu und fragt diesen in herrlichem Kölner Dialekt:

„Wat löüf dann hee?" (Was läuft denn hier?)

Der Kapitän reagiert fassungslos:
„Was machen Sie denn hier?"
Der Kleiderschrank:
„Ich bin hier Kommandant von der amerikanischen Feuerwehr. Erst war ich in Bitburg in der Eifel, dann in Ankara und jetzt bin ich hier."
Ich als der hier angesprochene Flugkapitän falle dem Feuerwehrmann um den Hals, erkläre ihm die Situation, und seine Antwort wirft mich um wie seine Begrüßung. In Anspielung auf den potentiellen Flugzeugentführer bricht es heraus:
„Dat hab'n wir jleich. Wir igeln Sie ein, un wenn einer kütt, dä maache mr nass." (Wenn einer kommt, den machen wir nass.)
Sagt's – und verschwindet wieder im Dunkeln, so wie er gekommen ist.
Wenige Minuten später lassen die Fahrer der Feuerwehr ihre Motoren an, bilden einen Ring um unsere Boeing und drehen drohend die Rohre ihrer Motorspritzen nach außen. Die Verteidigungsstellung ist perfekt.
Wir melden den Rückflug bei der Flugsicherung lediglich als Überführung an, allerdings unter solchen Einschränkungen, dass wir einem angeknacksten Vogel gleichen, der nur noch taumelnd und flügellahm den rettenden Horst zu erreichen versucht. So sind wir für alle, die Zugriff zum Fernschreibnetz im Nahen Osten haben – denn wir wissen immer noch nicht, wo unsere Widersacher sitzen – uninteressant geworden.
Wir starten die Triebwerke, die Armada der rotblinkenden Fahrzeuge gibt uns Geleitschutz bis zur Startbahn, und wir heben ab in Richtung Kairo mit einem vor Gesundheit strotzenden und allen Belastungen gewachsenen Flugzeug. Allerdings mit einem Kapitän, der sich Gedanken macht: Wie sag' ich's meinem Kinde?
Auf Reiseflughöhe angekommen, gehe ich in die Kabine und bitte meine Cabincrew, einmal kurz in die Erste Klasse zu kommen.
Ich muss den Stewardessen und dem Steward das Geständnis machen, dass ich sie alle aus taktischen Gründen der Verteidigung und der Selbsterhaltung hintergehen musste. Ich brauchte ihre aufkommende Nervosität, ihr sichtbar werdendes Unsicherheitsgefühl,

um meine Worte an die Passagiere, die diesem technischen Trick folgten, glaubhaft zu machen, ja unter die Haut gehen zu lassen.

Der Zweck musste hier die Mittel heiligen, die ich in 40 Jahren Fliegerei zum ersten und einzigen Mal anwenden sollte.

Ich bat auch um Verständnis, dass Heldmeier, Pauer und Badawi sowie Stationsleiter Stange dichtgehalten hatten.

Erstaunen, stille Empörung, Erleichterung, tiefes Aufatmen, je nach Mentalität.

Ob man mir, ob man uns verzieh, vermag ich bis heute nicht zu sagen. Sollte aber einer unserer damals betroffenen Fluggäste diese Zeilen lesen, so bitte ich noch nachträglich um Vergebung. Wir haben alle diese Nacht am Persischen Golf sicher mit einigen Unannehmlichkeiten bezahlt, doch überstanden, ohne bleibenden Schaden zu nehmen. In Kairo hatte man die Fluggäste für Griechenland, für Deutschland umgebucht, denn laut Telex war unser Flugzeug für den Transport von Passagieren nicht mehr zu gebrauchen.

Auch dort bedurfte es eines längeren Gesprächs mit dem Leiter der LH-Station am Nil, um den Sachverhalt zu erklären.

Der imitierte Leser möchte nun wohl gerne wissen, ob die Warnung die mich erreichte, fundiert war, ob die Verdachtsmomente ausreichten, um eine solche Reaktion zu rechtfertigen. Geben Sie mir bitte noch zwei Minuten.

Nach einem Tag Pause flog ich am Samstag, dem 13. September, von Kairo zurück in die Heimat. Mittwochs klingelte das Telefon. Es meldete sich mein Kollege Flugkapitän Willi Pfeiffer, der im Crew-Umlauf jeweils eine Schicht hinter mir war und mir die LH 619 bereits auf dem Hinflug in Kairo übergeben hatte.

Was er berichtete, blieb bei mir nicht ganz ohne Wirkung.

Die beiden arabischen Studenten, die dem Stationsleiter in Dharan verdächtig erschienen, waren zwischen dem 11. und 13. über Beirut an den Nil gereist und hatten zwei Plätze auf der LH 619 gebucht, die ich in Kairo übernahm. Bei der dort üblichen strengen Passagierkontrolle hatte man sie identifiziert und festgenommen. In ihren Taschen fand man Handgranaten und Pistolen. Meine Familie bereitete mir eine kleine, symbolische Geburtstagsfeier.

Die Brücke am Kwai

„Dhauburi, Dhau-bu-ri."

Steward Jochen Ewald gestikulierte mit Händen und Füßen. „Sch, sch, sch! Puff – puff."

Die beiden Taxichauffeure, die an diesem Morgen um 01.26 die Besatzung der LH 640 vom Hotel, dem World Travel Service in Bangkoks New Road, zum Vorstadtbahnhof über den Menamfluss fahren sollten, verstanden kein Wort. Sie lächelten höflich, wechselten einander eilfertig im „Yes Mister" ab, ließen aber sonst jede Spur des Begreifens vermissen.

Uns wurde warm, wärmer als es die angenehme Morgenkühle an diesem 24. November erwarten ließ. Wir waren sicher, die beiden Thais mussten den Namen des Bahnhofs, so wie er klar und deutlich in unseren Stadtplänen stand, schon irgendwann einmal gehört haben. Aber erst, als Lufthansa-Chefarzt Dr. Baark den Namen des Bahnhofs um eine Terz tiefer aussprach, ging ein Leuchten über ihre Gesichter.

„Cha!" Ihre Lippen formten sich zu einem klangvollen „Dhauburi!" Die Vokale schwangen nach, während sie zu fürchten schienen, dass durch die Härte der Konsonanten ihre Sorge um das Wohl der Fremden Schaden nehmen könnte.

Wir zeigten ungeduldig auf die Uhr: „Schon 5 nach 6!" – „Cha, hok mong hah na tee." – Du lieber Himmel, diese Sprache, diesen hervorgehauchten Vokalbrei sollte nun ein Mensch verstehen.

Indes, unsere Fahrt begann.

Eine Fahrt, die uns über die Brücke am Kwai nach Nam Tok im tropischen Regenwald nahe der burmesischen Grenze führen sollte. Die Sonne erhob sich über dem Delta des Menam, die Klongs dampften, die Menschen wuschen sich im schmutzig-braunen Wasser, die Millionenstadt begann zu leben, um die Stunden zu nützen, in denen die Sonne noch nicht den Arbeitsrhythmus zu immer größeren Intervallen zwang.

Dhauburi war erreicht. Ein blitzblanker Bahnhof am Rande einer Stadt, die sich um Sauberkeit müht. Im Fluss, in den die Abwässer fließen, badet man, dort wird auch das Geschirr gespült. Mit dem Wasser des Flusses füllt man die elektrische Waschmaschine, die auf der schmalen Terrasse vieler Pfahlbauten steht. Hier, in diesem Ameisenhaufen trippelnder, geschäftiger Menschen, beginnt die Sauberkeit zu einem relativen Begriff zu werden. Man achtet die Anstrengungen, dann erst das Resultat.

Die Menschen, die zum Zug gekommen sind, haben zumeist die Nacht in der Stadt verbracht und fahren nun zurück in ihre Dörfer auf der Hochebene. Sie haben eingekauft. Die Frauen Hausrat, die Männer Kolben und Wellen für ihre Motorboote, Gewehre und Munition, Dschungelmesser und Ackergerät.

Die Zeiger der Uhr rücken auf 06.20, die Lok stößt Dampfwolken aus, aber immer noch steht einer der unseren am Schalter, um seine Wünsche verständlich zu machen.

„Neunmal Endstation und zurück."

Hinter sich, neben sich: wartende Thais. Aber von denen kommt keine Äußerung des Missmuts, der Ungeduld, der Eile. Man hat Zeit, der Zug wird schon warten, und es ist ja alles so billig. Wir zahlen für diese 500 Kilometer lange Fahrt ganze 50 Baat = 6 DM.

Die Sonne ist höhergeklettert, eine dünne Wolkendecke, und die geöffneten Fenster des Zuges wirken wohltuend, Bangkok bleibt hinter uns. Zehn Stunden sollen es werden, dritter Klasse, Holzklasse, Bummelzug. Wir sind die einzigen Europäer inmitten Einheimischer, deren Hautfarbe und Gesichtsschnitt die Rassen der Malakkahalbinsel widerspiegeln: Siamesen, Chinesen, Inder und Malayen.

Sie nehmen uns freundlich in ihre Mitte, ohne aber Neugierde und Belustigung ob unseres Aussehens verbergen zu können. Und wir haben allerhand zu bieten: Größen bis zu 1,90 Meter, Haare an Beinen und Armen, krause Haare auf dem Kopf, ja sogar eine Glatze, dazu eine harte Sprache und etwas raue Umgangsformen. Liebenswerte Barbaren. Ein erhofftes Urteil, dessen Bestätigung uns leider verborgen bleibt.

Nach eineinhalb Stunden Fahrt, vorbei an Kanälen, Klongs, an Wasserläufen und Bächen, über Brücken und Brückchen, durch kleine Dörfer und Ansammlungen von Pfahlbauten taucht Nakhon Pathom auf, dessen goldgedeckte Pagode das satte Grün der Bananen- und Zuckerrohrplantagen, der Kokospalmen und Tabakstauden überstrahlt. Wie Farbtupfen die dunkelgelben Gewänder ausziehender Bettelmönche, der Hauslosen, die, ihrer 175 000, von den fast 20 Millionen Buddhisten Siams verehrt und ernährt werden. Die Askese scheint ihnen allerdings fremd zu sein, und der Rauch der zum Frühstück gespendeten Zigaretten streicht über ein zufriedenes Gesicht.

Das Land wird trockener. Der Grundwasserspiegel sinkt. Künstliche Gräben und Ziehbrunnen rahmen die Felder ein. Immer noch Reisfelder, so weit das Auge reicht. Stunde um Stunde, beiderseits der Bahn, teils in zartem Grün, teils aber auch, der Ernte entgegenreifend, braun, in zusammengebundenen Büscheln. Und der Wasserbüffel, der sich im Gebiet des Menamdeltas im Sumpf suhlt, hat einem rotbraunen Rind Platz gemacht.

Vier Stunden sind vergangen, die Hochebene ist erreicht und mit ihr die Stadt Kanchanaburi. Ab hier verzeichnen die Karten den Eintrag „Eisenbahn nicht in Betrieb".

Doch sie fährt weiter, noch einmal fast 200 Kilometer auf einer Strecke, die getränkt ist mit Schweiß und Blut. Denn in Kanchanaburi ruhen 7000 Tote. Engländer, Australier, Holländer. Gestorben während der japanischen Besetzung. Gestorben in mörderischem Klima, an Fieber, an Entkräftung, an der Ruhr. Liegengeblieben beim Bau einer Bahn, die Bangkok mit Moulmein verband. Eine strategische Bahn wie viele andere, bis ein Film, ein Roman, sie ins Bewusstsein der Weltöffentlichkeit rückte: »Die Brücke am Kwai«. Unvergessen Alec Guiness in seiner vielleicht stärksten Rolle, als Offizier und Chef einer britischen Einheit, die trotz aller Leiden Haltung zeigt und pfeifend in ein japanisches Gefangenenlager einmarschiert. Als „River-Kwai-Marsch" ging die Melodie um die Welt und hielt über Jahre die erregenden und bewegenden Eindrücke aus diesem Film wach: den Willen, zu überleben, selbst unter unmenschlichen Bedingungen.

Vergessen sind dagegen die Abenteuer des Kommandounternehmens, dem es gelang, die für die Logistik der japanischen Besatzung so wichtige Brücke über den Kwai zu sprengen.

Im übrigen wurden die Aufnahmen zu diesem Film, mit William Holden in der Rolle des Kommandoführers, nicht am Ort des Geschehens, sondern auf Ceylon gedreht.

Hier steht sie, diese Brücke, Beweis eines historischen Geschehens. Mit Fahrradrikschas, Trischas genannt, fahren wir zum Fluss. Die Fahrer stehen zu 30, zu 40 am Bahnhof und warten auf den Zug oder auf die Omnibusse, um den Fremden, den Touristen oder den Angehörigen der hier bestatteten Toten ihre Dienste anzubieten. Sie schuften über die sandigen Wege, und schon nach wenigen hundert Metern sind ihre um den Kopf gewickelten Handtücher, sind ihre Hemden durchgeschwitzt. Es ist Spätherbst, November und das Thermometer erreicht 30 Grad. Nur schaudernd denken wir an den Sommer, wenn die Luft über der Brücke, über dem Schienenstrang flirrt wie kochendes Gas.

Die alte Holzkonstruktion steht nicht mehr, sie wurde gesprengt, die neue Brücke am Kwai überspannt den Wasserlauf 200 Meter flussaufwärts, aber der alte Oberbau ist noch erhalten. Schotter und Schwellen haben dem Dschungel widerstanden.

Wir fahren zurück in den Ort zum Friedhof. Über seiner Blumenpracht könnte man die Trauer dieser Stätte fast vergessen. Eingebettet liegt er da in tropischer Vegetation, von Gärtnern gepflegt, von den Einheimischen mit rührender Liebe geschmückt. Jeder der 7000 Grabsteine trägt eine andere Inschrift, einen anderen Spruch, einen anderen Trost für einen sinnlosen Tod. Das Buch unter der weißen Steinpforte trägt nun unsere Namen.

Der schrille Pfiff des Gegenzuges ruft uns in das Heute zurück. Die Strecke ist frei, die Trischafahrer verlangen pro Person 50 BHT, wir geben ihnen 30 und sie bleiben lächelnd winkend zurück. Es ist Mittag geworden und wir verspeisen die ersten der mitgenommenen Konserven. Wie überhaupt der gesamte Bedarf für diese beiden Expeditionstage bis zum Kaugummi und zur Papierserviette mitgeführt wird.

Die Thailänder machen es einfacher. Sie schleppen sich nicht ab. Sie brauchen keine Lunchbox, kaum Konserven. Auf jeder Station, und es sind auf dieser zehnstündigen Fahrt nicht wenige, wird gegessen. Frauen aus dem nahen Ort kommen zur Bahn, über der Schulter die Bambusstange mit den beiden Körben, die so ziemlich alles enthalten, was man in einer kleinen Snackbar benötigt, in einer thailändischen Snackbar: Reis, Spaghetti, dazu mehrere Sorten Fleisch, in scharfen Soßen aufgelöst. Man füllt den Teller mit den Fingern, die immer wieder im mitgebrachten Frischwasser gereinigt werden, aber man isst auch mit ihnen. Den Teller selbst wirft man aus dem Fenster, um dessen Reisreste sich Dutzende von herrenlosen, räudigen Hunden beißen. Und die Gefahr, dass jemand verletzt wird, besteht nicht, denn dieser Teller ist nichts anderes als ein Stück Bananenblatt. Sauber und praktisch.

Im Zug werden Bananen verkauft, Kirschlimonade, gebackener Fisch, Ölgebäck, Enteneier und Bethel, dessen Genuss zu den unangenehmen Lastern der Thais zählt. Unserem Kartenspiel schauen kichernde Frauen zu, deren Zähne vom jahrelangen Bethelkauen schwarz geworden sind. Von Zeit zu Zeit spucken sie den dunkelroten Saft aus dem fahrenden Zug. Sicher war das Bethelkauen zu Buddhas Zeiten noch unbekannt, sonst hätte er auch hier eine akzeptable Lösung gefunden.

Der Dschungel beginnt. Halbhoher Bambusdschungel, von Bananenhainen unterbrochen, umschwirrt von paradiesischen Vögeln, doch nur das Rot der am Bahndamm ausgelegten, in der Hitze trokknenden Pfefferschoten bringt eine Auflockerung in dieses grüne, verschlungene Dickicht.

Ein anderer Fluss taucht auf, an dessen Steilufer sich eine Holzbrücke schmiegt. Auch sie erinnert an eine Zeit der Leiden. Im Schritt fährt unser Zug hinüber, jeden Ruck vermeidend. Wir hören die Balken knacken. Wie lange noch, und die Worte in den Karten stehen zu recht: „Nicht mehr in Betrieb."

Um 1/2 5 am Nachmittag ist Nam Tok erreicht. Endpunkt der Fahrt. Endpunkt der Schienen, deren Schwellen jedoch weiterführen, hinauf ins Gebirge zum Drei-Pagoden-Pass, um erst auf burmesischer Seite wieder das eiserne Band zu tragen.

Im Dorf Staunen und Verwunderung. Letzteres auch auf unserer Seite, denn inmitten dieser kleinen Ansammlung bescheidener Häuser, beim Kaufmann, ein Rieseneisschrank mit Sodawasser, Cola und 7-up. Unsere Bleibe für die Nacht ist schnell gefunden: ein festes Steinhaus, einst von einem Portugiesen erbaut, einfach bewirtschaftet, freundlich und nett. Wir machen uns verständlich, und wenige Minuten später sind die breiten Matratzenlager in beiden Schlafsälen mit schneeweißen Laken überzogen.

Der Schweiß des Tages, der Staub der Fahrt wird unter einem tosenden Wasserfall abgespült. Ein unter tropischer Sonne erwärmter Fluss ergießt sein Nass über uns, und die hinter uns liegenden zehn Stunden sind vergessen.

Der Hunger meldet sich, und als die Tropennacht mit ihren tausend Stimmen hereinbricht, sitzen wir unter der Petroleumlampe vor der Herberge und verspeisen einen Nudeleintopf mit Tomatensoße, der an Güte, aber auch an Schärfe alle Eintöpfe übertrifft, die je über einem Holzkohlenfeuer zubereitet wurden. Getränke? Sprudel. Den Thai-Whisky spenden wir den lachenden Gastgebern.

Der Morgen kommt mit herrlicher Kühle und lässt uns die Moskitonetze zur Seite schieben. Die Sonne kriecht über die Kämme der Berge und strahlt auf den Nebel, der wie eine Daunendecke die Talsohle füllt. Wir rüsten zum Aufbruch. Der Rauch von den Feuerstellen im Regenwald kräuselt in einen unsagbar blauen Himmel.

„Hok mong see sib hah!"

Ja, wir wissen es, ein viertel vor sieben. Danke für eure Gastfreundschaft. Danke und auf Wiedersehen.

„Kob koon. Lar kon!"

Vorbei an Stapeln von Holz, echtem Teakholz, dem Heizmaterial der thailändischen Eisenbahn, geht es zum Zug, dessen Lokomotive jeden Bundesbahnbediensteten vor Neid erblassen ließe. Dieses Gerät mit seinen polierten Messingrohren, dem glänzenden Schwarz seines Lacks, dem leuchtenden Gelb seiner Zahlen und Zeichen wäre ein Prunkstück für technische Museen. Doch diese Lokomotive ist kein Museumsstück, sie fährt Tag für Tag diese Strecke und kündet mit hellem Pfiff ihr Kommen, als freue sie sich mit uns ihres makellosen Make-ups.

Was bedeuten nun noch die neun Stunden Fahrt? Auf den Stationen wird gekocht und gegessen, und das glückliche Schmatzen der Kleinen, die sich an der Brust ihrer Mütter laben, versöhnt uns mit allen Widerwärtigkeiten dieser Welt.

Nur die Brücke am Kwai führt uns noch einmal in die Wirklichkeit zurück. Oder gehört auch sie schon zur bewältigten Vergangenheit?

Wir hatten geglaubt, uns nur dem Zauber der Natur, den Schönheiten des Landes, dem Lächeln der Menschen hingeben zu können. Doch selbst hier tauchen Gräben auf, über die man nicht hinwegspringen kann.

Begegnungen

Gespräche am Nil

Peter Fuchs, Publizist und Freund, war ins Kairo-Hilton gekommen. Für den Vertreter des Südwestfunks mit Dienstsitz Kairo war das Crew-Hotel der Airlines eine wichtige Nachrichtenquelle. Diesmal aber galt sein Besuch keinem Politiker und keinem prominenten Gast, sondern einem Flugkapitän der Lufthansa: Ich hatte drei Tage Zeit, um mir Kairo anzusehen. Und das wollte ich in Begleitung eines Mannes tun, der die Stadt kannte wie kaum ein anderer.

Zuerst einmal nahm mich mein Freund in seine Wohnung in Kairo-Dokki, dem Stadtteil zwischen Nil und Wüste. Hier, in der Sharia Semmar 44, Peters Domizil, hatten wir schon oft gesessen und diskutiert. Meist ging es um Politik. Wir schreiben das Jahr 1971. Ich hatte die Luftstraßenkarte aus dem Flugzeug mitgebracht und breitete sie auf Peters Wohnzimmertisch aus. Und dann erklärte ich ihm, wie meine Maschine beim Anflug von der ägyptischen Flugsicherung nach Kairo gelotst worden war. Die Umwege waren länger geworden, die Zeiten des kraftstoffsparenden Anflugs vom Nildelta her über „Rosetta“ waren längst vorbei. „Rosetta“ war ein Funkfeuer auf der Mittelwelle am westlichen Nilarm. Der Sinai-Krieg war zu Ende, der militärische und der zivile Luftraum über Ägypten scharf voneinander getrennt. Die Vorbereitungen auf den Gegenschlag gegen die Israeli waren zu spüren, der dann zwei Jahre später erfolgte.

Wie man 1971 nach Kairo eingewiesen wurde? Die Flugsicherung leitete die Passagierflugzeuge über El Daba, einen Küstenort zwischen Benghasi und Alexandrien. Von dort ging es weiter nach Qarun im Seen- und Industriegebiet südwestlich der Hauptstadt, wenn nicht die Luftlage einen Umweg über die El-Kantara-Senke erzwang, jenes Gebiet der Sahara, das bis zu 200 Meter unter dem Spiegel des Mittelmeeres liegt.

Warum sich Peter Fuchs für die Anflugrouten der Zivilluftfahrt interessierte? Für ihn, den erfahrenen Korrespondenten, war es aufschlussreich zu prüfen, ob sich die Verlautbarungen von Mr. Heikal auf der täglichen Pressekonferenz der halbamtlichen Zeitung »El Ahram« mit den tatsächlichen Gegebenheiten deckte. Wie es tatsächlich zwischen Israel und Ägypten aussah, ließ sich bei einiger Findigkeit aus den jeweiligen Anflugrouten der Passagiermaschinen rekonstruieren.

Ob man als Pilot bei soviel Unwägbarkeiten den Flugplan einhalten konnte, war eine Frage der strategischen und politischen Lage – und die änderte sich täglich. Wenn man damals beim Lufthansa-Stadtbüro in Kairo anfragte, ob eine Maschine aus Deutschland pünktlich hereinkommen würde, war die Antwort immer die gleiche:

„Selbstverständlich." Und dann folgte der kleine Zusatz: „Inschallah. Wenn Allah will."

Es war für uns Piloten ein unangenehmes Gefühl, Ägypten, den Staat zwischen Krieg und Frieden anzusteuern. Offiziell herrschte Frieden, aber die Militärs hatten nach wie vor das Sagen, auch und vor allem im Luftverkehr. Wenn ich, von Athen kommend, Kairo anflog, musste ich, den Weisungen der Flugsicherung folgend, den Nil meist in sehr großer Höhe überqueren. Ich überflog die Stadt Richtung Osten, um dann unvermittelt die Aufforderung zum Sichtanflug zu erhalten. Die Manövrierfähigkeit der Boeing 727 machte sich bei solchen Manövern sehr bezahlt. In gesteuertem Absturz ging es tiefer. Zunächst nach Süden, weg vom Platz. Allerdings durfte man dabei auf keinen Fall die nur spärlich beleuchtete Landebahn aus den Augen verlieren. 30 Sekunden nach dem Passieren der querab gelegenen Aufsetzzone energisches Einkurven. Nicht zu tief kommen, die Wanderdünen im Osten des Flugplatzes waren schon so manchem Piloten zum Verhängnis geworden. Wenig vertrauenerweckend wirkten die Geschütze der Panzer, die sich in jene Dünen eingegraben hatten. Zwar wiesen die Rohre zum Suezkanal, aber wer garantierte einem, dass im Inneren eines Panzers nicht irgendein nervöser Gefreiter saß, der die Zielvorrichtung auf eine landende Passagiermaschine richtete? Tatsächlich konnte man beim Landeanflug die Zwillings- und die Vierlingsflak beobachten, deren Rohre den hereinkommenden Flugzeugen folgten. Kein schönes Gefühl, im Cockpit zu sitzen und in die Mündungen von Schnellfeuerkanonen zu blicken.

Dass es damals bei der Identifizierung von Freund und Feind zu einem verhängnisvollen Irrtum kam, war gar nicht so ausgeschlossen. Über Radar verfügten nur die Militärs, Geräte aus Ost und West kamen zum Einsatz. Bei den Waffen und Flugzeugen das gleiche bunte Bild. Auf dem Flughafen von Kairo demonstrierten die russischen Antonow-Transportmaschinen der ägyptischen Luftwaffe und die Boeings, die im zivilen Luftverkehr zum Einsatz kamen, für jeden Betrachter die politischen Verflechtungen und Abhängigkeiten Ägyptens, das sich erst 1952 aus der Herrschaft von König Faruk zu einer Pseudodemokratie gemausert hatte. Der Flughafen war ein richtiges Bilderbuch der Einflussnahme durch die Supermächte. Das Selbstbewusstsein des ägyptischen Staates erschöpfte sich mehr oder weniger in der Person des Staatspräsidenten, der unverbrüchlichen Optimismus und unverbindliche Neutralität zur Schau trug. Zwar gab es einen bedeutsamen, zweiten Stern in der rot-weiß-schwarzen Flagge Ägyptens, einen Stern, der für Syrien stand, aber die Vereinigte Arabische Republik (UAR) war und blieb ein Wunschtraum. Es gab schwelende Querelen zwischen den meisten arabischen Staaten, und die abgesperrten Straßen beim Staatsbesuch des libyschen Regierungschefs Ghadafi, die zahlreichen Scharfschützen auf den Dächern, sprachen auch nicht gerade von ungetrübter Nachbarschaft.

Kairo war damals zum Mittelpunkt diplomatischer Kontakte und nachrichtendienstlicher Tätigkeiten geworden. Die Fronten im journalistischen Lager waren nach beiden Seiten durchlässig. Die Kollegen aus Ost und West trafen sich im Internationalen Presseklub, und mit jedem geleerten Whisky wurde der Eiserne Vorhang niedriger und niedriger. So freundschaftlich war die Atmosphäre, dass ein Reporter der amerikanischen Rundfunkgesellschaft NBC zu mitternächtlicher Stunde einem sowjetischen TASS-Kollegen einen Fußtritt versetzte. Der Russe blieb unversehrt, der Amerikaner brach sich einen Zeh. Am nächsten Morgen flog Don, so hieß der Amerikaner, links ein Schuh, rechts ein Pantoffel, nach Aden zum Kriegsschauplatz im Jemen.

Es war Anfang November 1972.

Freilich kamen Kontakte zwischen Journalisten, Rundfunkreportern, Militärberatern und dem Personal der Fluggesellschaften nicht nur im Presseklub zustande. Oft unterhielt man sich im Kairo-Hilton, am Rande des malerischen Schwimmbeckens.

Da gab es zum Beispiel Major Merten, einen Offizier der Bundeswehr, über dessen militärische Rolle im Nahen Osten „Der Spiegel" berichtet hatte. Bei einem Campari hatte mir Major Merten von seinem Glanzstück erzählt. Er habe in Kambodscha ein Nachschublager mit amerikanischem Heeresgut aufgekauft, das dann mit spanischer Hilfe an Saudi-Arabien ausgeliefert wurde. Mir schienen Major Mertens Erzählungen beim ersten Anhören zu phantastisch, um ihm Glauben zu schenken. Als ich jedoch wenig später auf einem Empfang mit dem spanischen Militärattaché bekannt wurde, erhärtete sich mein Verdacht, dass etwas dran war an dem, was ich vom Major gehört und im „Spiegel" gelesen hatte.

Natürlich war nicht alles Politik, was sich in Kairo abspielte. Wenn ich meinen Freund Peter Fuchs, den Korrespondenten des Südwestfunks, in seiner Kairoer Wohnung besuchte, ging es familiär und herzlich zu und manchmal auch ein bisschen wie in Tausendundeiner Nacht. Da war zum Beispiel Peters Diener Sayed, der das Telefon abnahm, wenn mein Freund nicht zu Hause war. Ich erinnere mich an einen Anruf, den ich vom Flugplatz aus machte, ich war gerade aus Deutschland angekommen. Mr. Fuchs sei nicht zu Hause, erfuhr ich am Telefon. Aber er würde wohl bald nach Hause kommen.

Ich nahm ein Taxi und ließ mich nach Dokki bringen. Ich hatte deutsche Zeitungen dabei, Schwarzbrot und Frischwurst, verderbliche Ware, die alsbald in Peters Kühlschränke befördert werden musste.

Sayed erwartete mich an der Haustür. Er war beim Hausputz. Die Tische waren zur Seite geschoben, die Stühle hochgestellt, die Teppiche aufgerollt. Es roch nach einem scharfen Desinfektionsmittel, das

Sayed dem Putzwasser zugegeben hatte. Das lange hemdähnliche Gewand hatte er in der Mitte hochgerafft, so dass seine dünnen Beine heraussahen.

„Good evening, Captain," begrüßte er mich. Er strahlte. Man sah Sayed seine 60 Jahre nicht an. Er war Nubier. Geboren war er an der ägyptisch-sudanesichen Grenze, als Angehöriger eines Volksstammes mit uralter Sprache und Kultur. Auch Anwar el Sadat, der damalige Staatspräsident, der später einem Attentat zum Opfer fiel, kam aus Nubien. Sayed hatte militärischen Ehrgeiz, wie sein großes Vorbild Sadat. Während der Herrschaft der Engländer hatte er als Offiziersbursche gedient. Er war überzeugt von der Wichtigkeit der Aufgaben, die ein Offiziersbursche zu erledigen hatte. Wie konnte ein Offizier siegen, wenn sein Bursche ihn mit ungeputzten Schuhen in die Schlacht schickte?

„How are you, Captain?" war Sayeds Frage, nachdem er Wurst und Brot im Kühlschrank verstaut hatte.

Ich sagte ihm, dass ich einen guten Flug gehabt hatte. Ich erzählte ihm, wie es in Deutschland aussah. Und dann fragte ich ihn nach seinem Befinden.

Er schaute mich aus großen Augen an. Dann, nach einer langen Pause: „Captain, very good!"

Wie lange mochte es her sein, dass ihn jemand nach seinem Befinden gefragt hatte? Der britische Offizier hatte solche Worte jedenfalls nie über die Lippen gebracht.

Sayed blieb nicht lange in den Diensten meines Freundes. Er gab den Posten aus familiären Rücksichten auf, aber er kam ins Haus, wenn Mr. Fuchs,eine größere Einladung gab. Jedes Mal, wenn wir uns trafen, stellte Sayed seine alte Frage, er sprach im Flüsterton.

„How are you, Captain?"

Und stets antwortete ich mit der Gegenfrage:

„And you?"

Sayed gefiel das kleine Spiel, er ist mir als Freund in Erinnerung geblieben.

Mahmud, der neue Diener im Hause des Südwestfunk-Korrespondenten Peter Fuchs, war Koch, Hausbursche und Wachmann in einem. Er war auch ein Problemfall.

Mahmud war früher beim Geschäftsträger der DDR in Kairo beschäftigt gewesen. Alltäglich, wenn der Dienst im Hause meines Freundes zu Ende ging, fuhr er zu seinem früheren Brötchengeber, um Bericht zu erstatten. Peter Fuchs wusste das, ich wusste das, Mahmud wusste, dass wir es wussten, und wir alle drei wussten, dass der Geschäftsträger der DDR wusste, dass wir es wussten. Etwas Spionage gehörte in Kairo zum täglichen Leben.

Auch die Ägypter mischten bei dem Versteckspiel fleißig mit, wie meine Crew und ich bei einem unserer Abflüge aus Kairo erfahren mussten. Fünf Tage hatten wir die Pyramiden und die Museen, die Zitadellen und Moscheen, die engen Straßen der Innenstadt und die Nachtklubs am Nil und an der Chaussee nach Guizeh besichtigt und unzählige Motive mit der Kamera festgehalten. Ich hatte die Crew gewarnt, sich beim Fotografieren zurückzuhalten, aber meine Warnung war nicht eindringlich genug gewesen.

Als wir vor dem Rückflug nach Frankfurt den ägyptischen Zoll passierten, nahm uns der diensthabende Offizier zur Seite. Nein, es ging nicht etwa um eine Stichprobe, wie sie auf dem Kairoer Flugplatz gang und gäbe ist. Der Offizier hatte einen ganz präzisen Auftrag: Er musste uns die belichteten Filme wegnehmen, was ihm sichtlich peinlich war, denn wir kannten uns seit Jahren. Aber Befehl ist Befehl, und so machte er sich über unser Gepäck her. Wie ich von ihm erfuhr, hatte der ägyptische Geheimdienst jeden einzelnen von uns fünf Tage lang observiert. Jeder unserer Schritte war in Berichten festgehalten worden. So hatten zum Beispiel zwei Stewardessen eine Bootsfahrt auf dem Nil unternommen, und natürlich hatten sie dabei eine Reihe Fotos geschossen. Mein Co-Pilot und der Flugingenieur waren vom Stationsleiter der Lufthansa im Wagen mitgenommen worden, sie hatten aus dem fahrenden Auto heraus historische Stätten auf das Zelluloid gebannt. Wenn das nicht verdächtig war!

Niemand von uns hatte es glauben wollen, aber in Kairo war eigentlich alles, was man fotografierte, der militärischen Geheimhaltung unterworfen. Wenn man ein Foto vom Museum machte, bekam man vielleicht einen Armeelastwagen mit aufs Bild. Fotografierte man den Nil, dann war natürlich eine Brücke drauf, und die war geheim.

Wir bekamen unsere Filme abgenommen. Wir sahen sie nie wieder. Die Dunkelkammer ist der Geheimdienste liebster Ort.

Kairo, ein Nest der Spionage? Kairo ist mehr als das. Die ägyptische Hauptstadt ist Abendland und Morgenland in einem. Wer von der Moschee Mohammed Ali zum Basar Khan el Khalili geht, der kommt durch Straßen mit so klingenden Namen wie Bab el Wazir, El Ahmar und El Darb. Wer den Weg abkürzt, gerät in Stadtviertel, die an die Zeit der Bibel und ans Mittelalter erinnern.

Die Gesichter der Menschen dort sind keineswegs immer freundlich. Für die Ägypter ist der Ausländer, der Tourist, nicht nur reich, er ist zugleich der Vertreter einer verlogenen Welt. Die heile Welt, die von Allah und seinem Propheten Mohammed gelenkt und bewahrt wird, darf nicht fotografiert werden. Der Islam kennt keine Bilder. Der Schmuck in den Moscheen beschränkt sich auf ornamentale Muster. Kostbares Beiwerk sind dicke Säulen aus Alabaster, hinter die der Fremdenführer stolz eine kleine Kerze hält; die Kerze scheint durch. Die Straßen werden enger. Feuchtwarm steht die Luft zwischen den Hauswänden.

Der Blick geht, ob man das will oder nicht, in die Wohnungen. Alte, und junge Menschen, Ziegen und Hühner, alles auf kleinstem Raum zusammengepfercht. Ich bleibe stehen, um Luft zu schöpfen. Misstrauische Blicke mustern mich. Frauen sind nirgendwo zu sehen, nur Männer, die im Schatten der Häuser vor sich hindösen. Ich schaue mich um und gewahre ein Bild, wie es schöner von keinem Maler geschaffen werden könnte. Im Gegenlicht erscheint ein Minarett, der erhobene Zeigefinger Allahs, des Allmächtigen. Ich zücke meine Kamera und drücke auf den Auslöser.

Hinter mir Stimmen! Ich fahre zusammen. Ich habe ein Sakrileg begangen. Mitten unter strenggläubigen Mohammedanern habe ich die Gastfreundschaft verletzt. Ich habe eine Moschee fotografiert, ja, schlimmer, ich habe gläubige Muslims fotografiert, ihre Häuser, ihre Armut. Aber es sind nur Kinder. Kinder, für die Fotografieren nichts Verbotenes, sondern das Höchste der Welt ist. Kinder, der Reichtum in dieser Region. Jubelnd springen sie vor mein Objektiv. Sie werfen die Arme hoch und gestikulieren. Alle, alle, alle, auch der kleinste Dreikäsehoch, wollen von mir fotografiert werden. Vorhin, als ich das Gewirr der Gassen betrat, hatte sich in mir eine Umwertung der Werte vollzogen. Aber plötzlich stimmen die Vorstellungen, die ich angenommen habe, nicht mehr. Die mohammedanische Welt ist anders, als ich mir das zurechtgelegt hatte.

Ich komme von der El Muizz Straße und habe den großen Platz neben der Moschee El Nasir Ibn Qalawun überquert. Nach etwa dreißig Metern gerate ich an eine nach rechts abzweigende, durch zwei rot-weiße Pfähle gesperrte Gasse.

In dieser Gasse wohnt mein Freund Ahmed. Wie Ahmed aussieht? Schwarze Hose, weißes Hemd, Oberlippenbart. Groß und schlank. Ahmed könnte, vom Aussehen her, der Inhaber einer italienischen Cafeteria sein. Aber er ist Basarhändler in der Nähe des Gewürzbasars, ein Kaufmann, der alles Mögliche, vor allem Gegenstände aus Leder, Kupfer und Muskiglas, verkauft.

Wenn ich heute durch Ahmeds Tür träte, er würde mich nach orientalischer Sitte umarmen und mir einen Kuss auf die Wange drücken.

Geschäft? Aber nein. Ahmed denkt nicht ans Geschäft, wenn er einen alten Freund wiedertrifft. Er würde sich erst einmal vom Flug über das Mittelmeer erzählen lassen, von Deutschland, und dann würde er mir von seinen Frauen berichten. Gesehen habe ich sie nie, aber es muss sie geben, wo sonst könnten Ahmeds zahlreiche Kinder herkommen?

Ganz nebenbei würde sich Ahmed nach meiner Crew erkundigen und ganz besonders nach den hübschen blonden Stewardessen, die so oft, in meiner Begleitung, in seinen Basar gekommen sind, um den Schmuck in den Vitrinen zu bewundern. Während er sich nach ihrem Wohlbefinden erkundigt, würde Freund Ahmed herrlich starken, süßen, schwarzen Tee einschenken lassen. Trinken würden wir diesen Tee aus silbergefassten Gläsern, auf denen Pfefferminzblätter schwimmen.

Ich kann mich nicht erinnern, dass Ahmed mich je nach meinem Begehr, nach dem Zweck meines Besuches gefragt hätte, wenn ich in seinen Basar kam. Das Gespräch war die Hauptsache, nicht der Erlös für die Ware, die ich mitnahm.

Jedes Mal, wenn ich Ahmed traf, hat er sich nach Elkes Schicksal erkundigt.

Elke war nicht nur hübsch, sie war auch klug. Kennengelernt hatte ich sie, als ich in Berlin eine Fernsehsendung über die Sicherheitsmaßnahmen an Bord eines Flugzeugs drehte. Wir hatten die Airfrance, die BEA und die Pan Am eingeladen, bei der Sendung mitzumachen. Nur die Briten und die Franzosen hatten die gebotene Hand ergriffen. Die Amerikaner gaben uns einen Korb.

Elke trug die Uniform der BEA. Ihr gefiel der Ton, der bei der Lufthansa herrschte. Sie wechselte die Gesellschaft und kam zu uns. Manchmal war sie in meiner Crew, wenn ich nach Kairo flog. Die Stadt sollte für sie dann auch eine besondere Bedeutung gewinnen.

Es begann in den frühen Jahren in jener Zeit, als die Hotelaufzüge im Kairo-Hilton noch von leibhaftigen Fahrstuhlführerinnen bedient wurden. Nicht irgendwelche Mädchen waren für diese Aufgabe eingeteilt.

Die Fahrstuhlführerinnen waren handverlesen: Das Management hatte junge Damen aus den besten Häusern Kairos für diese Tätigkeit ausgesucht. Es waren durchweg bildhübsche Geschöpfe, deren Anmut allenfalls von den Dienerinnen der Pharaonen auf den alten Reliefs übertroffen wurde. Liftfahren war damals – jedenfalls wenn ich im Kairo-Hilton übernachtete – zu meiner Lieblingsbeschäftigung geworden. Eine romantische Zeit, wie der Leser mir recht geben wird. Und auch Elke ging die Dinge romantisch an, romantisch und etwas tolpatschig. Andererseits aber auch sehr geschickt. Sie hatte im Fahrstuhl des Hilton-Hotels einen Mann kennengelernt. Was heißt kennengelernt, sie war ihm in die Arme gefallen, als sie über die Schwelle stolperte. Er fing sie auf, und er war dann zwar kein Prinz, aber ein gut aussehender Amerikaner. Beiden fiel es schwer, sich aus der Umarmung zu lösen. Elke folgte ihrem Retter auf eine Einladung zum Drink.

Der Amerikaner hatte Manieren. Er hatte auch Charme. Er arbeitete, so sagte er, für eine amerikanische Nachrichtenagentur. Ja, und deshalb sei er auch so viel auf Reisen.

Nun, auch Elke war viel auf Reisen. Sie hatte Verständnis. Die beiden tranken erst mal Brüderschaft. Sie haben sich dann noch einige Male getroffen, an den verschiedensten Punkten der Welt. Aber Elke hat den Mann – es handelte sich um Peter Jennings, den Star-Reporter der amerikanischen Rundfunkgesellschaft ABC – nicht für immer erobern können.

Gäste im Hotel. Gespräche in Kairo. Wäre ich ein Romancier, ich würde ein ganzes Buch darüber schreiben. Vieles von dem, was ich in Kairo erlebte, blieb fürs Leben haften.

Begegnung mit Lord Mountbatten

Singapur, 7. Oktober 1976. Es ist Abend, aber das große Thermometer am Taxistand zeigt immer noch 28 Grad – bei einer relativen Luftfeuchtigkeit von 90 Prozent. Die Gartenstadt auf dem letzten Zipfel des Malayischen Archipels ist berauschend schön, aber sie ist heiß. Was den Orchideen vor der Empfangshalle des Flughafens Paya Lebar bekommt, vermögen wir, die Besatzung des Fluges LH 691, nur bedingt zu genießen. Wenn man aus den luftgekühlten Hallen ins Freie tritt, meint man, eine Sauna zu betreten. Was immer man anfasst, es ist feucht und klebrig, aber es ist nicht schmierig. Singapur steht für Sauberkeit. Hier wirft niemand einen Fetzen Papier oder eine Obstschale auf die Straße. Wer gegen das Sauberkeitsgebot der Regierung verstößt, wird unbarmherzig zur Kasse gebeten. Die Strafen entsprechen in der Höhe unseren Sätzen für Wenden auf der Autobahn oder Überfahren einer Rotlichtampel.

Die Singapurianer sind stolz auf die Sauberkeit ihrer Straßen. Die meisten Menschen, die in diesem Völkergemisch leben, sind Chinesen. Und diese Chinesen sind die besten Kunden der pieksauberen Garküchen, die gegen Abend die freiwerdenden Parkplätze der Stadt in Beschlag nehmen.

„Makan" – malaiisch für essen – ist in Singapur ein Hobby, das von der Gesundheitspolizei reglementiert wird. Die Beamten halten ein waches Auge auf die vielen Garküchen, Imbissstuben und Restaurants. Wie anders sollte man in diesem Treibhausklima auch den Tropenkrankheiten vorbeugen, wenn nicht durch peinliche Sauberkeit? Zum Reinlichkeitsanspruch des Staates gehört, dass einreisenden Hippies ihr schulterlanger Haarschmuck noch vor dem Erreichen der Zollkontrolle durch einen eigens angestellten

Friseur auf landesübliche Länge zurechtgestutzt wird. Helmut Schmidt hat Singapur einmal so charakterisiert: Die unauffälligste Diktatur der Welt. Unauffällig? In Singapur floriert die Wirtschaft, und das erklärt auch, warum man dort nicht auf die Devisen langhaariger Aussteiger angewiesen ist. Der tropische Stadtstaat mit den 54 Inseln quillt über von Touristen aus aller Herren Länder, quillt über von Fluggästen, die zu Veranstaltungen, Tagungen und Kongressen einschweben. Trotz vieler An- und Umbauten: der Flughafen Pay Lebar platzt aus den Nähten, und wenn Sie dieses Buch lesen, ist der neue längst schon fertiggestellt, er trägt den schönen Namen „Changi".

Das Briefing der Besatzung beginnt. Wir, die Crew der DC-10 für den Streckenabschnitt Singapur-Bombay, haben heute für das Briefing mehr Zeit, als uns lieb ist. Der Nordostpassat hat früher eingesetzt als erwartet, und er ist stärker als vorausberechnet. Er bläst den Kollegen, die von Sydney nach Singapur unterwegs sind, ins Gesicht. Die Folge ist, dass die Maschine nach Bewältigung der 6000 km langen Strecke mit einer gehörigen Verspätung in Singapur einschwebt.

Hinzu kommt, dass die Ankunft in die abendliche Rush-hour fällt. Alle Parkpositionen auf der Rampe sind besetzt. Wartende Jumbos blockieren die Taxiways, die Rollwege. Die Maschine steht eingekeilt, mit 50 Meter Spannweite kann man keinen Bogen schlagen und überholen. Also warten. Wir werden mit einer saftigen Verspätung starten, und es ist zweifelhaft, ob wir die unterwegs aufholen können. Immer noch sitzen wir beim Briefing. Was ist noch zu sagen für den Weiterflug nach Bombay? Die Sicherheits- und Servicepositionen sind auf die 9 Flugbegleiter verteilt worden. Ich habe die Crew über die voraussichtliche Flugzeit informiert, über das Streckenwetter und das Wetter am Zielort.

Die Ziffern der Digitaluhr im Warteraum springen auf 22.00 Uhr. Noch 45 Minuten bis zum Start. Werden wir es schaffen, die Verspätung auszubügeln? Ich bin skeptisch.

Endlich rollt unsere DC-10 mit dem Kranich auf gelbem Grund am Heck auf die Rampe. Enttäuschung: die Maschine wird nicht an eine der Fluggastbrücken eingewinkt, sondern auf Position 13. Wir benötigen einen Bus, der uns rüberbringt. Zu Fuß darf man die 150 Meter nicht gehen. In Singapur hat alles seine Ordnung.

An der Glastür des Warteraumes steht Francis Chew, der stellvertretende Lufthansa-Stationsleiter. Er tröstet uns auf deutsch, spricht englisch in sein Handfunkgerät und murmelt zwischendurch ein paar chinesische Flüche, die ich hier nicht wiedergeben möchte.

Der Crewbus kommt.

Im Cockpit der Maschine tauschen wir mit der bisherigen Crew technische Informationen und Wetterbeobachtungen aus. Wie flexibel sich die Flugsicherung denn so benommen hat, frage ich. Könnte besser sein, meint der bisherige Co-Pilot. Und dann verabschieden sich die Kollegen, wir richten uns häuslich ein. Ein Stückchen Heimat. Hinsetzen und sich wohlfühlen.

Noch sind die Passagiere nicht da, aber in der Kabine herrscht reges Kommen und Gehen. Die Trollies mit dem schmutzigen Geschirr müssen raus, die neuen mit Verpflegung und Geschirr, mit Gläsern und Getränken, müssen rein. Tanken. Inspektion des Flugzeugs von innen und von außen. Die Putzkolonne steigt aus.

Die Passagiere kommen.

Checkliste lesen. Freigabe von der Flugsicherung holen, Anlassen. Zur Bahn rollen.

Wir starten um 23.35 Uhr Ortszeit.

Der Himmel über Singapur ist leer, bis auf ein paar ferne Lichtpunkte, die Scheinwerfer anfliegender Maschinen. Wir nehmen Kurs auf Kuala Lumpur. Die Radarkontrolle gibt uns die Erlaubnis, die Strecke abzukürzen. Wir dürfen quer über die Straße von Malacca zur nördlichsten Spitze Sumatras fliegen. Zeitgewinn: 3 Minuten. Vielleicht können wir auf den 3500 km bis Bombay noch mehr herausholen.

Voraus liegt, im Wetterradar klar zu erkennen, die Inselgruppe der Nikobarne, die schon zu Indien gehört. Das Wetterradar ist auf Bodenecho geschaltet. In der Kabine wird jetzt das Abendessen serviert. Wir bekommen ein paar Vorspeisen durch die Tür ins Cockpit gereicht. „Damit das Magenknurren nicht über den Sender geht," sagt die Stewardess.

Unser Magen knurrt dann doch, und so sind wir hocherfreut, als ein zweites Mal die Cockpittür aufgeht. Die Freude dauert nicht lange. Statt eines saftigen Steaks bekomme ich einen Zettel gereicht. Im Schein der Kartenlampe entziffere ich den Text, der von einem Passagier mit etwas unsicheren Deutschkenntnissen geschrieben wurde. Ich habe den Zettel aufbewahrt, er liegt vor mir, während ich diese Zeilen schreibe:

Lufthansa hat mir versprochen, ich würde die Verbindung mit EC 851 in Bombay sicherlich machen. ET 851 fährt ab 0215 für Nairobi – wird sind jetzt 3/4 Stunde verspätet. Was können Sie tun mich zu helfen

Lord Mountbatten

Was können wir tun. Co-Pilot Reichelt und Flugingenieur Kremp – die beiden haben den Zettel ebenfalls gelesen – schauen mich fragend an. Ich bin ebenso überrascht wie sie. Unter unseren 215 Passagieren für den Flug nach Bombay ist Lord Mountbatten, Earl of Burma, letzter Vizekönig von Indien, Spross aus dem hessischen Hause Battenberg, Urenkel der Königin Victoria, Neffe von Prinz Philipp, britischer Großadmiral, Erster Seelord der Britischen Flotte – um nur einige Titel zu nennen.

Niemand wusste von seiner Anwesenheit an Bord. Der Lord hatte sich nicht als VIP (very important passenger) registrieren lassen, auch nicht als HON (honourable person). Mit dem Kürzel HON werden im Flugverkehr Personen kodiert, die z.B. als Leiter einer Firma einen bestimmten Umsatz erbringen. Ihnen wird eine Vorzugsbehandlung zuteil. Der Lord aber flog inkognito. Er hatte sich wie ein ganz normaler Fluggast in unsere Maschine gesetzt.

Was tun? Wir müssen Bombay verständigen! Die Anschlussmaschine muss warten!

Bombay verständigen. Aber wie? Wir sind über dem Golf von Bengalen. Auf der Kurzwelle ist die Hölle los. Mehrfach haben wir versucht, mit der Flugsicherungsleitstelle in Madras Kontakt aufzunehmen, nachdem sich Kuala Lumpur und Bangkok von uns verabschiedet haben. Wir hängen in der Luft.

Auf den beiden Wellenlängen, die für diese Nachtzeit mit besonders günstigen Ausbreitungsbedingungen angegeben werden, spricht alles durcheinander. Wir hören Madras, aber Madras hört uns nicht. Wir empfangen Bombay, Delhi, Karatschi, Kalkutta, und was weiß ich wen sonst noch. Aber wir empfangen diese Stationen alle zur gleichen Zeit. Die Durchsagen sind unverständlich, verzerrt, mit atmosphärischen Störungen unterlegt. Was der Flugwetterdienst uns sagen möchte, ist nicht zu verstehen. In den Wellensalat mischen sich die Positionsmeldungen der einzelnen Flugzeuge, die in diesem Gebiet unterwegs sind, die Anfragen der Kollegen nach Sichtweiten, Wolken, Windstärken.

Ich schimpfe vor mich hin: „Zum Mond fliegen sie, aber eine störungsfreie Funkverbindung aufzubauen, das schaffen sie nicht!" Zum Verzweifeln. Ich greife erneut zum Mikrofon:

„Madras, Madras, Madras. This is Lufthansa 691. Lufthansa 691 is calling Madras control. Do you read?" Lufthansa Flug 691 ruft Flugsicherungsleitstelle Madras. Können Sie mich verstehen? Ich weiß nicht, ob Madras mich verstehen kann. Im Kopfhörer sind tausend Stimmen. Es zirpt und pfeift. Das totale Chaos, von Funkdisziplin keine Spur.

Ich könnte die Kurzwellenverbindung zur Verkehrszentrale der Lufthansa in Frankfurt aufnehmen. Von dort könnte man ein Fernschreiben nach Bombay schicken und die EC 851 bis zu unserer Ankunft festhalten.

„Lufthansa Frankfurt, hier ist die 691, Position südlich Kalkutta. Bitte, kommen!"

Stille folgt meinem Funkspruch. In Frankfurt ist Nachmittag, hier ist tiefe Nacht. Sehr ungünstig für eine Funkverbindung.

Ob ich ein anderes Lufthansa-Flugzeug anfunke? Die könnten unsere Meldung nach Frankfurt weitergeben. Ich versuche es, aber der Versuch misslingt.

Ich überlege, welche Möglichkeiten uns bleiben. Wenn der Ruf voraus, in Nordwest-Richtung abgestrahlt, von niemandem empfangen wird, dann könnten wir es rückwärts, in Südost-Richtung, versuchen. Von Sydney trennen uns nur vier Zeitzonen, der Zeitunterschied beträgt also nur vier Stunden. Und außerdem ist es im südlichen Australien um diese Zeit noch dunkel. Im Dunkeln tut sich die Kurzwelle allemal leichter.

Auf der Lufthansa-Frequenz rufe ich die Qantas, die Zentrale der australischen Luftverkehrsgesellschaft.

„Qantas Sydney, Qantas Sydney, this is Lufthansaflight 691,over. „Hier ist Lufthansa Flug 691, bitte sprechen Sie."

Eine Weile lang gar nichts. Und dann eine Antwort, klar wie ein Ortsgespräch: „Lufthansa 691 from Qantas Sydney, may I help you?" An Lufthansa 691 von Qantas Sydney, können wir Ihnen helfen?

Das Unmögliche ist Ereignis geworden. Wir haben Funkkontakt mit einer Stelle, die uns helfen will. In kurzen Worten schildere ich dem Kollegen in Sydney, was los is.

Er räuspert sich. Wir sind 8000 km voneinander entfernt, aber ich sehe ihn fast vor mir stehen, wie er – der alten Bindungen des Commonwealth eingedenk – vor Lord Mountbatten salutiert. Und dann bestätigt er mir, dass er sofort ein Telex nach Bombay schicken wird, betreffend Lord Mountbatten und die EC 851 nach Nairobi.

Ich bedanke mich überschwenglich.

„It's okay," sagt der Australier nur. Das sei doch selbstverständlich.

Tatsache ist: trotz Konkurrenz in der Weltluftfahrt, wie sie bei den Flugplankonferenzen offenbar wird, die Praxis des Flugbetriebs ist davon verschont geblieben. Immer wieder helfen sich Crews und Bodenpersonal untereinander, auch wenn sie unterschiedlichen Gesellschaften angehören.

Wir haben inzwischen Madras überflogen und werden von der Flugsicherung auf der Kurzwelle weitergereicht, von Bombay Control über Bombay Approach oder Radar bis zu Bombay Tower.

Problemlose Landung.

Wir rollen zum Terminal.

Es ist 01.57 Uhr Ortszeit, als wir die Triebwerke abstellen. Unsere Verspätung hat sich auf 52 Minuten ausgeweitet! Ob die EC 851 benachrichtigt worden ist? Und ob sie gewartet hat?

Die Treppe kommt, das Aussteigen beginnt. Unten stehen indische Soldaten in Khaki, Gewehr bei Fuß, mit aufgepflanztem Bajonett. Routine. Ich beobachte die Szenerie durch das linke Cockpitfenster. Die Passagiere gehen die Treppe hinunter. Da, der vierte in der Doppelreihe, der muss es sein. Ich erkenne Lord Mountbatten, er wird von seiner Tochter Lady Pamela Hicks begleitet.

Eine schwarze Limousine ist auf dem Flugfeld vorgefahren. Für den Transfer des Lords von Flugzeug zu Flugzeug, wie ich hoffe. Am Fuß der Treppe hat sich ein achtungsvoller Halbkreis gebildet. Einige unauffällige Herren in Zivil, ein Pressefotograf, ein Reporter, auch Mr. William Peters, der stellvertretende britische Hochkommissar, sind erschienen. Ein indischer Offizier ist da, vermutlich der Flughafenkommandant, und ein Vertreter von Ethiopian Airlines, die in einer Viertelstunde nach Nairobi starten soll.

Das Fernschreiben aus Sydney, das wir über Funk in die Wege geleitet hatten, hat sie alle aufgescheucht.

Ich sehe, wie der Britische Hochkommissar die Hand ausstreckt, um Lord Mountbatten zu begrüßen. Aber der ignoriert die Geste, schiebt die Herren sanft zur Seite, löst sich von der Gruppe und geht vor zum Bug unseres Flugzeuges. Ratlosigkeit auf den Gesichtern des Empfangskomitees.

Lord Mountbatten bleibt unter dem Cockpitfenster stehen. Er schaut hoch, lächelt und winkt.

Er schließt die Hände zum Dank für unsere Hilfe.

Ich bin überrascht, auch bewegt.

Dann erst begrüßt der Lord jene, die zu seinem Empfang erschienen sind. Er besteigt die Limousine. Der Wagen fährt zur anderen Maschine, verschwindet in der Dunkelheit.

Lord Mountbatten erlag am 27. August 1979 einem Attentat.

In meinem Tagebuch vom 7. Oktober 1976, dem Datum unserer Begegnung, sind unter der Rubrik »Bemerkungen« zwei Worte eingetragen: Ein Mensch.

UFO

Eine Begegnung von besonderer Art. Ein Zusammentreffen mit dem Unbekannten. UFO. Die geheimnisvollen Buchstaben bedeuten nichts anderes als „Unknown Flying Object", zu deutsch „Unbekanntes Fliegendes Objekt".

Wie man es auch nennen mag, ein UFO bleibt eine nicht zu erklärende Himmelserscheinung, die – wie es scheint – nicht vom Himmel kommt, sondern lediglich vor der Kulisse des Himmels auftaucht.

Ich sah mein erstes und einziges UFO am 26. Februar 1977. Es war unser Flug LH 495 von Lima nach New York. Ich steuerte die DC-10, Kennzeichen D-ADAO. Mit mir im Cockpit waren Co-Pilot Bergmann und Flugingenieur Hoxohl, so steht es in der Meldung, die ich der Lufthansa von jenem Ereignis machte.

Wir waren um 18.25 GMT, entsprechend 13.25 Uhr Ortszeit in Lima gestartet. Es war zunächst ein Flug wie jeder andere. Wir flogen parallel zum Hauptkamm der Anden nach Quito in Ecuador, von dort, die Küste verlassend, nach Panama und weiter über die Karibische See, über Kuba hinweg in das Seegebiet östlich Miami, das noch zu den Bahamas zählt. Wir schnitten das Bermudadreieck an, als wir über dem Funkfeuer Bimini unsere Positionsmeldung an die amerikanische Flugsicherung absetzten.

Wir studierten die Bodenformationen, die im klaren, flachen Wasser wie in einem Fotoalbum unter uns lagen. Wir sahen die weißen Wasser, Meeresströmungen, die sich auf den der kubanischen Küste vorgelagerten, tiefen Graben zubewegten.

Es kam uns bei unserer Beobachtung allerdings nicht auf die Meeresströmungen an, sondern auf ganz etwas anderes. Hoxohl hatte seinen Platz am Flugingenieurspult verlassen. Er setzte sich hinter mich auf den Jumpseat, der ideale Beobachtungsmöglichkeiten bietet.

Auf dem Hinflug am Vortag hatten wir an dieser Stelle, etwa 100 km nördlich der Insel Bimini, aus einer Flughöhe von 12 000 Metern, eine eigenartige Anordnung von riesigen runden Scheiben bemerkt. Jede Scheibe war im Durchmesser so groß wie der Frachter, der gerade über die merkwürdigen Gebilde hinwegglitt. Der Frachter war ein Glücksfall, die Dimensionen wären sonst schwer zu schätzen gewesen. Jeweils elf Scheiben bildeten die Balken eines überdimensionalen Kreuzes, das exakt die vier Himmelsrichtungen markierte. Eine Anfrage bei Miami-Control nach der Herkunft dieses Phänomens brachte keine Klarheit. Dort wusste man nichts von unseren „Scheiben". Das Phänomen ist mir bis heute, trotz aller Nachforschungen, ein Rätsel geblieben.

Freilich wussten wir nicht, dass wir noch viel Erstaunlicheres zu sehen bekommen würden. Unsere Position war inzwischen östlich Kap Kennedy, also querab vom amerikanischen Weltraumbahnhof, als wir drei im Cockpit erschrocken zusammenzuckten. Irgend etwas kam da von links! Wir sahen einen Lichtschein, von dem ein regenbogenfarbener Ring ausging. Der Ring dehnte sich aus, kreuzte unsere Flugbahn von links nach rechts und verschwand. Die Quelle des Lichts aber blieb stehen. Oder folgte sie uns?

Sonnenspiegelung? Der Himmel war blau und wolkenlos. Wir schauten uns das Gebilde an, das da im Westen vor uns stand. Ich griff zum Mikrofon und informierte die Flugsicherung über unsere Beobachtungen. Gleich mir taten es andere Piloten der in diesem Bereich operierenden Maschinen, ich konnte ihre Meldungen mithören. Von Funkdisziplin war dann keine Rede mehr. Jeder gab seinen Kommentar. Die Männer in den Maschinen sprachen von der Konkurrenz in den fliegenden Untertassen, von den Geheimnissen des Bermudadreiecks und von den kleinen grünen Männchen, die nun bald an unser Cockpitfenter klopfen würden. Wir lachten und feixten, niemand nahm das Geschehen mehr ernst. Ob unsere Passagiere das Phänomen ebenso wohlgelaunt und sorglos aufnehmen würden? Behutsam gab ich über die Lautsprecheranlage in der Kabine eine Mitteilung an die Fluggäste durch. Ich bat sie, die Beobachtung des Phänomens zu übernehmen, und ich begründete das mit der Tatsache, dass unser Hauptaugenmerk im Cockpit dem Führen des Flugzeugs zu gelten habe. Ich schlug dadurch zwei Fliegen mit einer Klappe. Zum einen waren jene Menschen beschäftigt, die das UFO bereits bemerkt hatten, und denen die Erscheinung vielleicht Angst machte. Sie hatten jetzt eine Aufgabe. Zum anderen war es denkbar, dass die Passagiere Dinge sahen, die uns verborgen blieben. Das unbekannte fliegende Objekt befand sich inzwischen nicht mehr vor uns, wo es nur von den Piloten wahrgenommen worden wäre, sondern es stand (lag? flog?) auf der linken Seite der Maschine, für alle sichtbar, gleichgültig, wo der einzelne im Flugzeug sich befand. Wie eine kleine, künstliche Sonne sah es aus. Etwa 10 Grad über dem Horizont. Verfolgte es uns? Oder sah das nur so aus, weil das Objekt so weit weg war? Schwer zu sagen. Ich führte Protokoll und hielt Uhrzeit, Position sowie Erscheinungsbild des UFOs fest.

Die Sonne war inzwischen untergegangen, das Objekt blieb etwas hinter uns zurück. Es behielt seine Höhe, aber es begann sich zu verfärben, von gleißend weiß in dunkelrot übergehend. Hinzu kam eine Veränderung der Form. Das UFO ging von der Gestalt einer Kugel in die einer Spindel über. Vor dem schwarzen Nachthimmel war die leuchtende Achse der Spindel zu erkennen. Das Ganze glich einer schräg schwebenden, in der Längsachse aufgespielten Zigarre.

Über eine Stunde schon stand unser UFO am Himmel. Zuletzt konnte ich es noch über Kap Hatteras, North Carolina, 650 km südlich vom Kennedy-Airport, wahrnehmen. Nachdem wir eine Rechtskurve geflogen waren, entschwand es unseren Blicken.

Die Winkelberechnung ergab den Standort. Aus einer Flughöhe von 37 000 Fuß beobachtet, schwebte, flog, stand das Objekt über Neu Mexiko, über White Sands. Versuche? Experimente? Welche?

Landung in New York 20.41 Uhr Ortszeit. Ich nahm das entsprechende Formular mit von Bord, um meine Notizen zu übertragen. Der Kopf dieses Blattes hatte sich geändert. Hieß es früher: „Report of satellite reentry“ so lautete es jetzt „Sky phenomena observation form“. Bis in die Mitte der siebziger Jahre meldete man Satelliten- oder Raketenteile beim Wiedereintritt in die Erdatmosphäre, man meldete den Lichtschein in der vollen Farbskala, den das verglühende Metall verursachte. Mit der Zeit aber blinkte und leuchtete, blitzte und funkelte es bei jedem Nachtflug. Der niederprasselnde Himmelsschrott ließ sich nicht mehr katalogisieren.

Ich protokollierte meine Beobachtung, meine Begegnung mit einem UFO.

Die Reaktion auf meine Meldung überraschte mich. Mit dem Datum des 15.11.77 erhielt ich Post von der Sammelstelle für Meteormeldungen an der Universitätssternwarte Wien. Bearbeiter: Alexander G. Keul. Daraus entwickelte sich ein Briefwechsel, der fast ein Jahr anhielt. Zusatzfragen aus Wien, Antworten, Beschreibungen, Skizzen und Zeichnungen gingen hin und her. Ich erhielt Einblick in die Welt des Unerklärbaren am Himmel über uns. Meldungen und Beobachtungen aus der Schifffahrt waren im angesehenen Londoner „The Marine Observer“ No. 258, Oktober 1977, veröffentlicht worden. Vor allem aber interessierten mich die Beobachtungen aus der Luftfahrt. So waren in den Jahren 1976 und 1977 von Lufthansa-Besatzungen 10, von der Swissair 22 entsprechende Meldungen eingegangen. Im Verlauf des Briefwechsels kam man in der Universitätssternwarte Wien zu dem Schluss, dass es sich bei dem von mir beobachteten Phänomen um einen Versuch mit ionisierten Bariumwolken in der hohen Atmosphäre gehandelt haben könnte. Eine Anfrage beim Smithsonian Observatory in Cambridge, Massachusetts, USA, brachte jedoch keine Klärung.

Der Briefverkehr mit Wien wurde beendet, als im November 1978 Meldungen in der Presse erschienen, die von der Zerstörung unerwünschter Satelliten durch gebündelte Strahlung aus amerikanischen Laserkanonen berichteten. Das Problem sei allerdings die Erzeugung der hierfür erforderlichen, extrem hohen Energien. Danach wurde es still um die Laserwaffen, die nur noch in Science-Fiction-Filmen Triumphe feierten. Fünf Jahre später ließ eine Meldung, die über den Ticker an die Nachrichtenbüros ging, die Menschen in aller Welt aufhorchen. Es war der 27. März 1984, U.S. Präsident Reagan hatte offiziell grünes Licht für ein Milliardenprojekt gegeben: für einen Killersatelliten, der mit Laserstrahlen ausgerüstet ist.

Möglich, dass sich noch manches überirdische UFO als irdisch, allzu irdisch entpuppen wird.

Eric Moody

„Jakarta Control, Lufthansa 744 over Halim at 17, level 370, estimate Topar 35."

In diesem Bereich auf der Luftstraße B69 muss es geschehen sein, als die British Airways „Speedbird 009" mit Captain Moody als Kommandanten mit dem Unbekannten kollidierte. Niemand hatte ihn vorgewarnt. Es kam plötzlich aus heiterem Himmel an diesem Abend des 23. Juni 1982, dem zweiten Tag des Ramadan, der islamischen Feiern zu Ehren des Propheten. So war die Nacht dunkel, denn das Fest beginnt mit dem Neumond.

Moody verließ für kurze Zeit das Cockpit, als die Boeing 747 nach der Zwischenlandung in Kuala Lumpur die Reiseflughöhe von 37.000 Fuß erreicht, und der Autopilot die Führung übernommen hatte.

„Hey Barry, schau Dir das an," rief Copilot Roger Geraves, nachdem er zuvor noch einmal den Schirm des Wetterradars überprüft und keinerlei Anzeichen von Gewittern oder sich hoch auftürmenden Wolken festgestellt hatte. Barry Townley-Freeman, der Flugingenieur, stand kurz von seinem Sitz auf, um nicht vom Schein der Instrumentenbeleuchtung gestört zu werden. Auch er blickte fasziniert nach vorn. Streifen von vielfältig verzweigten Blitzen zuckten über die Cockpitscheiben, an Elmsfeuer erinnernd, das man sonst nur während des Fluges durch hohe Eiswolken in Gewitternähe beobachten kann.

Die beiden saßen auf den Logenplätzen vor einem überdimensionalen Kaleidoskop. Das ganze Flugzeug schien in Glanz gehüllt, und die Szene voraus war wie der Abfahrtslauf durch einen Schneesturm mit hellleuchtenden, silbernen Funken. Ströme von Licht rasten wie Leuchtspurgeschosse über die Scheiben. Im Zwielicht des abgedunkelten Cockpits schienen ihre Gesichter zu frisieren. Die beiden blickten zur Seite und gewahrten eine Erscheinung, die wie eine Magnesiumfackel den Lufteinlass der Triebwerke von innen weißglühend erleuchtete. Die Turbinenwellen verlängerten sich nach vorn wie strahlende Speere. Die Reflektion des Lichtes an den Kompressorschaufeln erzeugte einen Effekt, ähnlich dem eines Stroboskops, und der Schaufelkranz schien sich wie eine riesige Schraube nach innen zu drehen.

Aber da war noch etwas: ein fremder, brenzliger, fast schwefeliger Geruch breitete sich aus, und ein dünner Schleier von bläulicher Farbe legte sich über das Cockpit. Es geschah etwas sehr Seltsames mit Flug BA 009.

„Ich trau dem Braten hier nicht mehr," bemerkte Greaves und rief über Interphone nach dem Captain. Als Moody das Cockpit wieder betrat, überstürzten sich die Ereignisse. Zunächst versagte Triebwerk Nummer vier aus unerklärlichen Gründen seinen Dienst. Zwar drehte es weiter, doch es gab keine Leistung mehr ab. Während noch die Crew mit Hilfe der Checkliste versuchte, dem Phänomen auf die Spur zu kommen, fielen nacheinander die übrigen drei Turbinen aus.

Moody ging in einen gestreckten Gleitflug über und ließ durch seinen Ersten Offizier „Mayday" senden, den internationalen Notruf der Luftfahrt. Ob er irgendwo aufgefangen wurde, bezweifelten sie, denn der rätselhafte, elektrische Sturm, der auf den Instrumenten wirre Daten erscheinen ließ, dröhnte mit statischen Entladungen in ihren Kopfhörern.

Trotz weiterer Schwierigkeiten, wie dem Ausfall der Druckversorgung in der Kabine, wodurch die Besatzung und die 247 Passagiere gezwungen waren, die Sauerstoffmasken aufzusetzen, gelang es den Piloten und dem Ingenieur, die Triebwerke wieder zu zünden. Doch Vibrationen durch eine nicht zu erklärende Unwucht zwangen sie später, eine Düse wieder abzustellen.

Nach sich endlos dehnenden, fünfunddreißig Minuten der Ungewissheit, von denen die Maschine fast eine Viertelstunde nur der Schwerkraft folgend, ohne eigene Antriebskraft flog, gelang es Captain Moody, den Jumbo sicher in Jakarta zu landen. Niemand erlitt einen Schaden.

Sie waren, wie sich später herausstellte, in die Aschenwolke des in dieser Nacht ausgebrochenen Vulkans Galunggung auf der indonesischen Insel Java geraten. Der Aufprall der heißen Körner und Steinchen auf das Flugzeug hatte die Wirkung eines Sandstrahlgebläses. Die Vorderkanten der Tragflächen waren blankpoliert, die Fenster und die Glasabdeckungen der Landescheinwerfer fast undurchsichtig geworden, aufgeraut und von der Asche verklebt. Staub hatte die Flammen in den Brennkammern gelöscht. Mit Geschick, Ruhe und Beharrlichkeit gewann die Crew den Kampf gegen die Naturgewalten, gegen den nicht zu fassenden Feind.

Moody war für mich, den Captain einer DC-10, zum Vorbild geworden. Nie war ich in eine ähnliche Lage gekommen, doch sollte ich einmal damit konfrontiert werden, so konnte ich nur hoffen, cool zu bleiben wie er. Nie erfuhr Moody, dass er mein „Übervater" geworden war, auch nicht, als ich ihn nach sorgfältigen Recherchen für die Fernsehsendung „Sicherheit kennt keine Grenzen" durch einen Reporter der BBC in London interviewen ließ. Hatte er dabei überhaupt den Namen des Auftraggebers erfahren?

Ich spürte in diesem Augenblick das Bedürfnis, ihm einen Gruß, einfach einen Dank zukommen zu lassen. Über das Bordradio bat ich die Verkehrszentrale der Lufthansa in Frankfurt, bei British Airways die Telefonnummer von Captain Eric Moody ausfindig zu machen und mich über SELCAL wieder zu rufen. Was ich für fast aussichtslos gehalten hatte, traf ein, als sich die LH 744 querab von Bali befand. Moodys Nummer, ich hatte sie.

Auf Kurzwelle rief ich Stockholm Radio, eine Sende- und Empfangsstation der schwedischen Post, bei der es möglich ist, einen Funkspruch auf das normale Telefonnetz zu schalten. Nach mehreren Versuchen auf verschiedenen Frequenzen kam die Verbindung zustande, und ich teilte dem Operator den Londoner Anschluss mit. Wieder vergingen einige Minuten, da man in Schweden mit der Verständigungsqualität noch nicht zufrieden war. Dreimal rastete ich eine andere Wellenlänge, dann kam das OK.

„Stand by." Ich hörte das Knacken der Wählscheibe. Würde die Verbindung zustandekommen? Und wenn, würde Moody zu Hause sein? Was sollte ich ihm sagen, ohne in Sentimentalitäten abzurutschen? Ich hatte Herzklopfen, schlimmer, als bei einem Anflug auf Hongkong im Taifun.

Im Kopfhörer ertönte das Weckzeichen. Mehrfach. – Und dann, wie ein Ortsgespräch: „Moody."

Ich schluckte, meldete mich mit Flugnummer und meinem Namen und sagte dann nur noch einen Satz: „Captain Moody, half an hour ago I passed overhead Jakarta."

Was sollte ich ihm noch erzählen? Dass ich ihn für seine Leistung schätze, ja bewundere, dass er für mich so etwas wie ein Idol geworden sei? Und dass ich hoffte ... Ich schwieg.

Wir hatten uns nie gesehen, nie miteinander gesprochen. Hörte er in meinem Anruf aus dem Cockpit, Tausende von Kilometern entfernt, die Emotion, die mitschwang? – Und dann kamen drei Worte, die alle Bedenken, alle Zweifel hinwegwischten. Nur drei Worte, die das Gespräch mit einem ungeheuren Glücksgefühl für mich beendeten:

„Thank you – Herman."

Das Himmelstelefon

Die Stimmung im historischen Gasthof „Adler" in Sameister bei Roßhaupten, etwa 20 km südlich von Füssen im herrlichen Allgäu gelegen, schlug hohe Wellen. Kameraleute und Flieger, Bauern und hohe Militärs von der Bonner Hardthöhe, Einheimische und Weithergereiste, eine große Runde Freunde hatte sich zusammengefunden, um den 40. Geburtstag des Regisseurs und Filmproduzenten Horst M. Berktold zu feiern. Viel hatte er erlebt, der jetzt in München Ansässige, seit er sich als Assistent unter Eugen Yorck die ersten Sporen verdiente. Für seine Dokumentarfilme aus der Welt der Medizin hatte er Preise und Auszeichnungen erhalten, ebenso für seine Berichte über Themen der Luftfahrt. Es war Horst M. Berktold, der die Problematik des Jagdfliegerlebens im Film dargestellt hatte und den Stress der Verkehrspiloten. Wie kein anderer verstand er es, die Besonderheiten dieser Berufe und die Sorgen der Flieger ausdrucksstark visuell umzusetzen. Und heute hatte Horst M. Berktold seine Freunde eingeladen. Nicht etwa in Münchens Nobelrestaurant „Käfer", sondern in einen urigen Dorfgasthof in seiner Allgäuer Heimat, dessen Architekt einst aus der Wessobrunner Schule kam. Berktold hatte nicht nur für Speise und Trank gesorgt, diesmal hielt er für seine Gäste eine ganz besondere Überraschung bereit.

Lautsprecher waren aufgestellt worden, die mit dem Telefon des Gasthofs verbunden waren. Es gab Quietschgeräusche, die einem die Gänsehaut über den Rücken jagen konnten. Es gab Rückkopplungsgeräusche, und das Ganze war überlagert vom Surren der Kameras und überstrahlt vom Flutlicht der Scheinwerfer. Die Film- und Fernsehleute probierten ihre Einstellungen aus.

Es wurde geprobt, denn noch war es nicht soweit. Erst um Mitternacht sollte die Sache richtig losgehen. Sie kennen diese Menschen, die mit dem Blick auf die Armbanduhr ihren Geburtstag erwarten. So auch im »Adler«. Alle waren voller Erwartungsfreude. Die Sektflaschen wiegten sich im klirrenden Eis. Gebremster Schaum. Noch zehn Minuten bis Mitternacht.

Die Spannung war kaum noch zu steigern. Aller Augen waren auf Horst Berktold gerichtet. Der saß still vor seinem leeren Glas und lächelte. Ich glaube, ich war in jener Nacht der einzige Mensch aus dem Freundeskreis, der nicht lächelte. Ich wusste sehr wohl, dass mein Freund seinen vierzigsten Geburtstag feierte. Aber ich konnte nicht dabei sein! Es war die Nacht vom 29. auf den 30. März 1980, und natürlich hatte ich von Horst eine Einladung erhalten. Wir waren Freunde, weil wir einige Produktionen gemeinsam gemacht hatten, für's ZDF zum Beispiel. Aber kurz vor meiner geplanten Abfahrt ins Allgäu hatte die Lufthansa meinen Einsatzplan geändert. Schicksal der Verkehrspiloten. Wir sind Herren über wunderbare, große Maschinen. Aber wir sind nicht Herren über unsere eigene Zeit.

Und so saß ich, während die Uhren in Deutschland auf Mitternacht zurückten, im Cockpit einer Lufthansa DC-10, die in zwölftausend Metern Höhe über den Golf von Bengalen hinwegglitt. Meine Passagiere hatte ich von Tokio nach Deutschland zu befördern. Außerdem befand sich – was die Arbeit der Crew nicht gerade leichter machte – ein Kamerateam an Bord.

Freilich hatte dieses Team nichts mit der Berktold-Geburtstagsfeier zu tun, sondern machte Bild und Tonaufnahmen über das Thema „Die Ausbreitungsbedingungen für Rundfunkwellen". Aus Gründen der Wirtschaftlichkeit – die Fernsehanstalten denken sehr wirtschaftlich, solange es nicht um eine Galashow mit prominenten Gästen geht – wurden auch andere Themen mit abgedreht.

Ich warf einen Blick auf die Uhr am Instrumentenbord. 21.50 Uhr Greenwich-Zeit. Es war so schade, dass ich meinem Freund nicht aus der Nähe zuprosten konnte. Ich würde jedoch versuchen, per Funk zu ihm durchzudringen, wie ich es ihm versprochen hatte. Mein Co-Pilot sah mich erwartungsvoll an.

„Ready?"

„Go," sagte ich knapp und übergab ihm damit die Führung der Maschine, einschließlich der Überwachung des Sprechfunkverkehrs.

Englisch ist die Sprache des Sprechverkehrs im internationalen Äther. Von der Flugsicherungsleitstelle Rangoon in Burma hatten wir uns längst verabschiedet und auf UKW Kontakt mit Kalkutta aufgenommen.

Jetzt begann ich, an den schwarzen Knöpfen zu drehen. Der Kurzwellensender war für mich frei.

21.55 Uhr Greenwich-Zeit.

Die Geburtstagsgesellschaft, das wusste ich, würde jetzt langsam unruhig werden. Unruhig wurden auch meine Stewardessen, die wieder mal neugieriger waren, als die Lufthansa erlaubt. Jedenfalls erfanden sie einen Vorwand nach dem anderen, warum sie ausgerechnet jetzt im Cockpit zu tun hatten. Unruhig wurde der Kameramann vom ZDF. Unruhig wurde der Toningenieur, der das Ergebnis einer Funktelefonverbindung um die halbe Welt auf Band festhalten wollte, Kameramann und Toningenieur hatten sogar auf das saftige Steak aus der Bordküche verzichtet, um den brisanten Augenblick nicht zu verpassen.

Wir alle waren sehr unruhig.

Nur ich nicht.

Ich durfte nicht.

Ich war ja der Kapitän.

„Engköping Radio," sagte ich in die Muschel. „Engköping Radio! This is Lufthansa 661. Lufthansa 661 is calling Engköping Radio on 11 222. Position Calcutta. Over."

Engköping, das sollte ich hier vielleicht sagen, ist kein schwedischer Piratensender, der auf einem Wohnboot vor den Schären schaukelt. Engköping heißt die Kurzwellenstation der schwedischen Post. Engköping ist ein bewährter Strohhalm, wenn es darum geht, sich aus der Luft und per Funkspruch in das internationale Fernsprechnetz einzuschalten.

21.57 Uhr Greenwich-Zeit.

Der zweite Versuch, mit Engköping Kontakt zu kriegen. Beim dritten Mal klappte es. Schweden meldete sich laut und klar. Die Bedingungen waren ja auch ideal, ich meine die Ausbreitungsbedingungen für die Kurzwelle. In Hinterindien und in Nordeuropa war Nacht. Die Heavyside-Schicht war zur Ruhe gekommen, jener Spiegel in der lonosphäre, der die ganze Erde wie ein unsichtbares Netz umspannt. Er reflektiert Radiowellen bestimmter Frequenzen, besonders der Kurzwelle. Die Sonne wirkt leider störend auf den Funkverkehr. Aber Sonne gab's jetzt keine mehr. Unsere DC-10 flog in finsterer Nacht dahin.

21.58 Uhr Greenwich-Zeit.

„Lufthansa 661, this is Engköping Radio, go ahead."

„Go ahead" heißt nicht, dass man verschwinden soll, weil der schwedische Funker schlafen möchte. Es bedeutet: Nun mal los! Sag schon, was du zu sagen hast!

Und ich hatte was zu sagen.

„Roger, Engköping." Verstanden.

„Engköping, change me to public."

„Change me to public" heißt nun wieder, dass man auf eine Frequenz geschaltet werden möchte, die nicht mehr dem Fernmeldegeheimnis unterliegt. Die Engländer machen das mit vier Worten, auf deutsch wird natürlich ein mittleres Telefonbuch daraus. Ich bat also den Mann in Engköping, mich auf eine andere Frequenz zu legen, und zwar auf eine, welche technisch die besten Verständigungsmöglichkeiten mit Europa bot. Es muss ja nicht unbedingt knacken und rauschen, nur weil's weit weg ist.

21.59 Uhr Greenwich-Zeit.

Es ist normalerweise ein zeitraubendes Spiel, wenn der Schwede in Engköping die beste Frequenz für ein Telefongespräch heraustüfteln muss. Aber diesmal hatte ich Glück. Es klappte innerhalb von zwölf Sekunden. Eine Sprechprobe. Und „roger".

Ich gab dem Schweden die Telefonnummer des Gasthofs »Adler« durch. „Stand by", sagte er. Was in etwa dem Schallplattenkürzel unseres Fernamts entspricht: „Bitte warten."

Auch im „Adler" wartete man. Der Wirt spazierte eifersüchtig um das Telefon herum, damit niemand auf die Idee kam, ausgerechnet jetzt seine Freundin Uschi anzurufen. Uschi musste warten, jetzt war Horst dran. Damit mein Anruf aus Indien über Engköping nach Füssen durchkam, musste die Leitung freigehalten werden, jetzt um 23 Uhr, 59 Minuten, 14 Sekunden, im Allgäu. Vor mir auf dem Radarschirm tauchte die indische Küste auf, die Mündung des Ganges. Bald würden auch die Lichter der Millionenstadt Kalkutta zu sehen sein.

Ich höre die Wählscheibe des Schweden in Engköping rattern. Kurze Pause. Dann das Tuten des Telefons. Der Ruf ging durch.

Es knackte im Hörer. Eine Stimme meldete sich. Sehr durchwachsen, sehr bayerisch. Wohl der „Adler"-Wirt. Merkwürdig. Im Hintergrund war es unheimlich still. War die Feier abgesagt worden?

„Bitte Herrn Berktold!" sagte ich.

Pause. Der Sekundenanzeiger rückte auf zwölf.

„Hier spricht Horst."

„Ich bin's, Hermann."

„Von wo rufst du an?"

„Ich bin über Indien."

Pause. Und dann kam eine Frage, als würde Freund Horst zur Crew gehören: „Alles in Ordnung?" „Und ob bei uns alles in Ordnung ist," sagte ich. „Ich sitze hier im Cockpit, in zwölftausend Metern Höhe, wir überfliegen gerade Kalkutta, und von hier aus wünsche ich dir alles Gute zum ..."

Das „Geburtstag" konnte ich nicht mehr rauskriegen, weil im »Adler«, viele tausend Kilometer westlich von hier, ein unbeschreiblicher Jubel losbrach. Vermutlich ist das Gasthaus in seinen mittelalterlichen Grundfesten erzittert, soweit sich ein bayerisches Haus überhaupt erschüttern lässt. Ich weiß es nicht. Was ich weiß, weil mein Freund es mir später erzählt hat: Meine Glückwünsche waren trotz der aufgebauten Lautsprecher nicht zu verstehen gewesen. Aber das war nicht die Schuld der Technik. Was ich sagte, wurde vom Applaus der Gäste überdeckt. Und dieser Applaus galt nicht nur dem Geburtstagskind. Er galt zugleich dem technischen Wunder, das ein Gespräch zwischen zwei Freunden ermöglicht hatte, zwischen zwei Menschen, die viele tausend Kilometer voneinander entfernt waren. Wobei einer der beiden im Flugzeug saß.

Die Sektflaschen im „Adler" waren inzwischen entkorkt worden, der Sekt war ja kalt genug. Im Cockpit meiner DC-10 wurde nicht getrunken. Natürlich nicht. Ich habe in jener Nacht nur im Geiste mit meinem Freund angestoßen.

Hinter mir surrte die Kamera, der Toningenieur steuerte aus, es war alles nicht so einfach, ich hatte nämlich auch noch ein Mikrofon um den Hals hängen, und dann gab es die in der Decke des Cockpit eingebauten Lautsprecher, das Ganze musste aufeinander abgestimmt werden, und zwar nicht nur für die Geburtstagsgäste im »Adler« sondern auch für die ZDF-Zuschauer, die sich das Ganze in wenigen Wochen auf der Mattscheibe ansehen würden.

Was es kostet, wenn man von Indien nach Bayern das Himmelstelefon benutzt? Gar nicht so schlimm, ich verrate Ihnen die Tarife am Ende dieses Kapitels. Zunächst aber möchte ich Ihnen sagen, dass Flieger, Funk und Telefon natürlich nicht nur für Geburtstagsglückwünsche zusammenspielen.

Da gibt es zum Beispiel die Übersee-Korrespondenten der deutschen Rundfunkanstalten, die es beim Telefonieren nicht immer leicht haben. Nicht nur dass die Leitungen dauernd besetzt sind, nicht nur dass die Verständigung miserabel ist. Je nach Land gibt es auch Regierungen, die die Berichte der Korrespondenten zensieren wollen. Bei soviel wohlwollender „Aufsicht" der Gastgeber kann es Stunden oder Tage dauern, bis ein nach Deutschland angemeldetes Telefongespräch zustande kommt.

So geschehen in Peru. Wir waren gerade mit einem Lufthansaflug in die Hauptstadt Lima eingeschwebt. Politisch war dicke Luft im Lande. Die Pressefreiheit war durch Dekret außer Kraft gesetzt worden. Ich erlebte den ganzen Wirbel hautnah im Hotel Bolivar mit. Das „Bolivar" liegt im Zentrum von Lima, hier verkehren die Korrespondenten der Zeitungen und Rundfunkstationen. Was die Lufthansa-Crew dort machte? Die Frage ist sehr berechtigt. Normalerweise übernachteten wir damals nämlich in der „Granja Azul". Das ist ein Hoteldorf im altperuanischen Stil, sehr hübsch in den Bergen der Hauptstadt gelegen. Aber in unruhigen Zeiten nur mit dem Panzer oder per Fallschirm zu erreichen.

Und es waren unruhige Zeiten. Erst vor wenigen Tagen war ein Crewbus der Lufthansa überfallen worden. Die Gangster hatten den Fahrer gezwungen, in einen Steinbruch zu fahren, wo sie die Insassen dann in aller Ruhe ausraubten. Vorsicht war jetzt durchaus am Platz.

Die Lufthansa hatte entschieden, dass wir alle in der Stadt übernachten würden. Man wollte kein Risiko eingehen. Wir würden nicht durch die Berge fahren. Wir würden im Hotel bleiben und uns in der Nähe des Hotels aufhalten. Wenn man nämlich ausgeschlafen hat, möchte man auch mal raus aus der Aircondition-Glocke. Man kann nicht Tag und Nacht über duftende Spannteppiche gehen und die Hintergrundmusik des Hotel Bolivar ertragen. Was tun? Wer so im Bolivar „eingesperrt" ist, geht am besten erst mal ins Tiefparterre des Hauses, wo das Goldmuseum untergebracht ist, und besichtigt die kostbaren Schätze aus der Inkazeit. Es gibt Masken, Skulpturen, Schmuck, Gebrauchsgegenstände aus jener Zeit, Kinderspielzeug, Gerätschaften aus getriebenem Gold. Dinge, die auf wunderbare Weise vor Grabräubern bewahrt geblieben sind.

Wer viel Mut hat, verlässt das Bolivar und überquert die Straße. Er geht zum Präsidentenpalast, wo man mittags um eins die große Wachablösung bewundern kann, wenn die Wache nicht gerade für die Revolution gebraucht wird. Man tut in solchen Fällen gut daran, wenn man schon nach 200 Metern in Richtung Präsidentenpalast nach rechts abbiegt.

Wo man da hinkommt? Der flüchtende Hotelgast gerät in schattige Kolonnaden, wo er sich am blauweiß gedeckten Tisch eines Schweizer Restaurants niederlassen kann. Heimweh ist stärker als die Furcht vor Revolutionären. Der Kenner bestellt kein Rösti und auch keine bajuwarisch eingefärbten Schweinshaxen, sondern eine echt peruanische „Zopa Creola", ein kreolisches Eintopfgericht, das entweder in gemilderter Schärfe für europäische Gaumen serviert wird oder „especial" für die Helden unter den Fein-Schmeckern.

Ich aß „especial" und trank etwas dazu, so dass meine Zunge wieder ihren Dienst tat. Ich mag Peru.

Vor dem Abflug am nächsten Morgen – Flugziel war Bogota – nahm mich der Stationsleiter der Lufthansa an die Seite. Es gäbe da einen Korrespondenten der ARD unter den Fluggästen. Und dieser Korrespondent hätte ein Problem. Die Situation im Lande, die Zensur, ich wüsste ja Bescheid, und der Bericht für das Hamburger

Funkhaus, den habe er natürlich nicht übers Telefon in Lima absetzen können. Ob ich da nicht helfen könnte.

Natürlich konnte ich helfen. Wir hatten die schneebedeckten Sechstausender der Anden überflogen, als ich die Radiostation Engköping anfunkte. Ich bat den Mann am anderen Ende, mich auf die Telefonleitung zum Hamburger Funkhaus zu schalten. Und dann ließ ich den Korrespondenten ans Telefon. Ich hörte, wie er seinen Bericht für's »Echo des Tages« durchgab. In Hamburg war es schon Nachmittag, es sind sieben Stunden Zeitunterschied zwischen Peru und Deutschland, so dass den Hamburgern genügend Zeit blieb, den Bericht des Korrespondenten zu schneiden und die atmosphärischen Störungen und Lautstärkeschwankungen auszugleichen. Die deutschen Hörer würden erfahren, wie es in Peru wirklich zuging, nicht das, was die peruanische Regierung gerne über sich verbreitet haben wollte. Es ist wenig bekannt -aber das Himmelstelefon ist ein sehr schneller und völlig legaler Weg der Nachrichtenübermittlung. Journalisten können auf diese Weise von Bord eines Flugzeugs ihren Bericht übermitteln und sogar „live" in eine Sendung einsteigen.

Versteht sich, dass dieser Weg nicht nur den Presseleuten offen steht. Es war bei einem Flug von Teheran nach Frankfurt, als mir die Stewardess den entsprechenden Wunsch eines Geschäftsmannes übermittelte. Der gute Mann hatte vor dem Start in der iranischen Hauptstadt vergeblich versucht, eine Telefonverbindung nach Deutschland zu bekommen. Jetzt wollte er's im Flugzeug versuchen.

Wieder ging der Weg über Engköping. Nachdem mein Flugingenieur den PAX in den Gebrauch des Mikrofons eingewiesen hatte, kam das Gespräch nach Düsseldorf zustande. Ich möchte hier einschränkend sagen, dass Passagiere im Cockpit nur in Ausnahmefällen telefonieren können. Entscheidend dabei ist, ob ein Kurzwellengerät frei ist, und die Mehrbelastung der Crew die Sicherheit beeinträchtigt oder nicht.

Ob das Himmelstelefon teuer ist? Nein. Die Benutzung der Ätherfrequenzen ist kostenlos, zu bezahlen ist jeweils nur die Telefonverbindung von Engköping zum Teilnehmer am Boden. Wenn der zufällig auch in Engköping wohnt, kann man von Tokio nach Europa zum Ortstarif telefonieren.

Wie die Abrechnung des Gespräches funktioniert? Der Funker in Engköping gibt den Betrag am Ende des Telefongesprächs durch, und der Kapitän im Flugzeug schreibt den Betrag auf ein dafür vorbereitetes Formular. Es wandert zu der Stewardess, die für den Bordverkauf zuständig ist, sie wandelt den Mehrfachvordruck in eine Rechnung um und legt sie dem erstaunten Passagier aufs Tischchen. Drei Minuten eines solchen Gesprächs mit Düsseldorf kosten nur lächerliche 27 Mark. Abgerechnet wird in schwedischen Kronen oder in einer anderen, zwischen dem PAX und der Stewardess zu vereinbarenden Währung. So ein Telefonat geht oft um die halbe Welt, aber es kostet nicht die halbe Welt.

Da fällt mir der junge Mann ein, der aus dem Cockpit telefonieren wollte, als wir auf dem Weg von Frankfurt nach Toronto waren, wir überflogen gerade die vielbesungenen Klippen von Mohair an der Küste Irlands, als er sich im Cockpit anmelden ließ. Er wollte telefonieren, und dringend sei es und wichtig, und ...

Ich sah mir den Mann erst einmal an. Offenbar ein Kanadier, lässig gekleidet. Ein Geschäftsmann war das nicht. Eher ein Holzfäller, aber nicht unsympathisch.

Er hatte sich wohl im Urlaub der holden Weiblichkeit zugewandt, wie aus dem Zettel ersichtlich war, den er mir mit starker, aber zitternder Hand reichte. „Monika“ stand auf dem Zettel und eine Telefonnummer. Wenn Sie Monika für mich anwählen könnten. Es ist, wie sagt man „important“.

Alles, was Paxe wollen, ist „important“, sagen wir, das meiste. Und dann war ich inzwischen selbst etwas neugierig geworden. Die Vorwahl auf dem Zettel war nämlich die Vorwahl einer Stadt in der Bundesrepublik. Monika war demnach, mit großer Wahrscheinlichkeit, eine Deutsche. Und da Sie, lieber Leser, vielleicht auch etwas neugierig sind, werden Sie nichts dagegen haben, wenn ich hier im nachhinein ein paar Einzelheiten preisgebe. Zumal bei den äußeren Umständen eines derartigen Telefongesprächs das Fernmeldegeheimnis sowieso hoffnungslos durchlöchert ist.

Die richtige Frequenz für die Verbindung nach Deutschland zu finden, war nicht schwer, Sender und Empfänger lagen ja nicht weit auseinander.

Ich hörte das Rauschen der Elektronen im Funkgerät. Ich hörte das Freizeichen des Telefons in Engköping, das Rattern der Wählscheibe, die von dem Funker betätigt wurde, das Klicken der Kontakte. Ich hörte, wie der Ruf durchging. Ich hörte das Knacksen, als der Hörer abgenommen wurde. Das Atmen einer jungen Dame war zu vernehmen. Und dann kam ihre Stimme.

„Weber."

Was sich dann abspielte, war ungewöhnlich. Das Cockpit in einem Flugzeug ist ein recht nüchterner Ort. Es geht um Sicherheit und Technik, es geht darum, die Passagiere sicher von A nach B zu bringen. Und so ist ein Flugkapitän nicht gewöhnt, im Cockpit romantische Seufzer zu vernehmen. Ich aber wurde Zeuge einer zärtlichen Szene und konnte nicht mal weggehen, ich war ja der Pilot. (Ich musste mir das anhören, ob ich wollte oder nicht.) Und außerdem der Mittelsmann für meinen PAX. Ich war ein wenig verlegen. Aber irgendwie war ich auch stolz, dass ich die beiden zusammengebracht hatte.

Was ich zu hören bekam, war dennoch kein Gespräch. Es wurde ein Monolog, und zwar ein sehr kurzer. Ich weiß nicht, wie die junge Dame am anderen Ende – sie wohnte im Knotenamtsbereich Wiesbaden – die Einsilbigkeit ihres kanadischen Freundes aufgenommen hat. Jedenfalls sagte der bei dem ganzen Gespräch nur drei Worte: „I love you."

Stille. Die Sekunden vertropften.

Jetzt wird sie ja bald was antworten, dachte ich. Aber Monika schwieg.

Ich glaubte, ihr Herz klopfen zu hören.

Und dann: „Johnny!"

Mein PAX hatte sich ohne Namen gemeldet, und das Mädchen hatte sofort gewusst, wer dran war: Johnny. Monika hatte ihren Holzfäller erkannt. Und sie schien auch begriffen zu haben, wo er sich befand. Jedenfalls stellte sie keine Frage. Es war ein wortloser Dialog. Er sah mich aus großen, strahlenden Augen an. Und sprach kein weiteres Wort.

Die Stoppuhr lief.

Ich machte eine Geste mit Daumen und Zeigefinger. Geld. „Money." Ich versuchte dem jungen Mann klarzumachen, dass er so oder so für drei Minuten bezahlen müsse. Er hätte viel mehr sagen können als „Ich liebe dich".

Aber vielleicht hatte er ja recht. Vielleicht war mit diesen drei Worten alles gesagt. Es war mucksmäuschenstill im Äther.

Nach einer Weile fiel mir ein, warum. Der Holzfäller hatte nämlich vergessen, was ihm der Flugingenieur vorher eingeschärft hatte. Man darf, wenn man das Himmelstelefon benutzt, den Knopf nur solange drücken, wie man spricht. Wenn man gesagt hat, was man sagen wollte, muss man loslassen und den anderen reden lassen. Funk ist telefonischer Einbahnverkehr. Aber das hatte der Kanadier, nachdem er die Stimme seiner Liebsten vernommen hatte, völlig vergessen. Er hielt die ganze Zeitlang den Knopf gedrückt.

„Ich dich auch," hörten wir das Mädchen sagen, als er endlich losließ.

Unser Mann hängte das Mikrofon an den Haken.

Niemand im Cockpit sagte ein Wort.

Ein jeder hing seinen Gedanken nach. Die erste Liebe. Jugend. Tanzstunde. Disko. Weiß Gott, woran wir alle dachten. Und dann waren wir über den Hebriden angekommen, die Freigabe für die Atlantiküberquerung war einzuholen. Der Flugingenieur nickte dem Kanadier freundlich zu, der erwachte aus seiner Trance und ging mit verträumtem Blick nach Reihe 21 zurück. Der Alltag war ins Cockpi zurückgekehrt.

Es gibt viel Arbeit im Cockpit. Soviel, dass Privates links liegen bleibt. Man vergisst Verabredungen. Man vergisst den Hochzeitstag seiner Frau. Und man vergisst auch mal den Geburtstag des Freundes.

Auf einem Flug über Bali fiel mir ein, dass ich meinem Freund Willy Schneider, dem berühmten Sänger, zum Siebzigsten gratulieren wollte. Seine Telefonnummer stand in meinem Notizbuch. Ich schlug die Seite auf. Aber dann sah ich auf meine Armbanduhr. Vier Uhr in der Nacht. Zu spät. Vorbei.

Aber das war doch australische Zeit. Mal rechnen.

Richtig, es war jetzt in Deutschland erst sieben Uhr abends. Mein telefonischer Glückwunsch würde also noch rechtzeitig kommen.

Diesmal ließ ich den Schweden aus der Sache raus. Ich wählte einen Weg, der sonst nur von den Kollegen der Condor oder der German Cargo, beides Lufthansa-Töchter, begangen wird. Ich hatte von Freunden gehört, dass die technischen Anlagen von Bern Radio, nicht zu verwechseln mit der Rundfunkstation Radio Bern, noch besser seien als die Anlagen in Engköping. Die Frequenzen von Bern Radio standen in den Bordunterlagen.

„Bern Radio, Bern Radio, this is Lufthansa 691, Position Indonesia, over."

„Lufthansa 691, this is Bern Radio, go ahead."

Mein Kurzwellentelefon erwies sich wieder einmal als Geschenk des Himmels. Ich ließ eine Nummer wählen, die nicht im Kölner Telefonbuch steht, um die Privatsphäre meines Freundes vor allzu aufdringlichen Fans ein wenig abzuschirmen.

Es klingelte in Köln-Junkersdorf. Eine Bass-Baritonstimme meldete sich: „Schneider."

„Willy, mein Künder kölnischen Frohsinns, mein Barde vom Rhein, meinen herzlichen Glückwunsch zum Siebzigsten."

„Hermann," kam es zurück, „von wo sprichst du? Das klingt, als kämst du aus dem Weltraum." Ich war erstaunt. Die Sensibilität, die Musikalität eines Sängers verspürte das Ungewöhnliche, hörte Töne, Geräusche, Schwebungen, Echoeffekte, die auf das Besondere hinwiesen. „Willy, ich komme nicht aus dem Weltraum, aber ich bin nicht weit davon entfernt. Ich bin gerade über Djakarta in Indonesien."

„Hermann, bist du im Flugzeug?"

„Jawohl, lieber Willy, auf dem Wege von Sydney nach Kuala Lumpur."

Dann brach sich Kölner Mundart Bahn: „Dat is dat schönste Jeburtstagsjeschenk, dat du mir machen konntest. Ich muss jetzt in et Funkhaus zum WDR, ich bin im „Kölner Treff" eingeladen, Hermann, dat muss ich erzählen."

Und so kam's. Willy Schneider erzählte von dem Glückwunsch, der ihn erreicht hatte. Aus der Luft, und das kurz vor der Sendung. Dank dir, Himmelstelefon.

Fips, der Affe

Es war in den ersten Nachkriegsjahren. Die Fliegerei war für mich nur noch ein schöner Traum. Dennoch ließ mich das Thema Luftfahrt nicht los. Ich schrieb inzwischen aktuelle Sendungen zu diesem Thema und trat immer wieder vor die Kamera des Fernsehens, um besonders die Jugend anzusprechen.

Oder ich ging auf's Land und „tingelte" als Conferencier. An geeigneter Stelle versuchte ich, den Gedanken des Losgelöstseins von der Erde unter das Volk zu bringen.

Es waren meine Jahre beim NWDR Köln.

Ein kleines Stoffäffchen in der Art einer Handpuppe, weich und kuschelig, aus braunem Plüsch, begleitete mich. Eigentlich hieß es „Jokko" und stammte aus dem Hause Steiff, mit Knopf im Ohr, versteht sich.

Ich taufte es „Fips", in Anlehnung an die ergötzliche Geschichte von Wilhelm Busch. Fips war nicht nur mein Talisman jener Jahre, er war auch mein Gesprächspartner vor der Kamera oder im Saal.

In ihm sollten sich die Menschen wiedererkennen. Er konnte gestikulieren, Fragen stellen, Sätze, die ich sagte, unterstreichen, die Zuschauer zum Lachen bringen, anschmiegsam auf meinem Arm.

Hier saß Fips auch wieder, als ich längst die Uniform eines Verkehrspiloten trug, das Mikrofon gegen den Steuerknüppel eingetauscht hatte, und es störte meinen kleinen Freund überhaupt nicht, wenn er inzwischen vier goldene Ärmelstreifen verdeckte. Er hatte seine Auftritte auch nicht im Cockpit, denn dort wäre die nüchterne Atmosphäre seinem Naturell zuwider gewesen. Fips liebte die Bühne, das Publikum, den Augenblick, wenn es ganz leise wurde im Saal, fast innig, so wie zwischen uns beiden.

Den Höhepunkt seines Daseins und damit den Abschied von mir erlebte Fips, als er wohlverpackt im schwarzen Pilotenkoffer nach Teheran reiste. Was ihn dort erwarten sollte, kommt einem Märchen gleich.

Nicht nur die kleine, schwarze Tasche bildete mein Gepäck, es waren Kisten und Kästen, die eine große Lautsprecheranlage enthielten, dazu Tonbänder, Magnetofone und Verstärker. Der iranische Zoll traute uns nicht. Was Gerhard Zeppenfeld, der Chef des Darmstädter Tonstudios, und ich nach Teheran schleppten, sollte nur für einen Abend sein? Musik auf Band zum Zuhören? Musik ohne Parolen? Den Iranern kam dies nicht geheuer vor. Was wir ins Land brachten, das sollten wir auch gefälligst wieder mitnehmen. Und sie trugen alles in meinen Pass ein, über eine Seite Geräte und Zubehör. Man ließ uns passieren – nur eines hätte man gern behalten: ein Stückchen Stoff, das es dem weiblichen Zolloffizier angetan hatte, nämlich meinen Fips. Ich kämpfte gegen die aufkommenden Gefühle zu einer nicht unsympathischen Perserin. Oh, hätte ich doch mehr Zeit gehabt, als nur einen Tag! Mein Fips als Postillon d'Amour. Ein Märchen aus 1001 Nacht. Die letzte Eins hätte mir genügt. Indes, ich war im Dienst. Eingeladen hatte die Deutsch-Iranische-Gesellschaft in ihr Clubhaus an der Avenue Pahlevi, wie sie damals noch hieß, inzwischen wurde sie umbenannt in Avenue Dr. Mossadeh. Es ist die große Allee, die aus den Basaren kommend stetig bergan durch die Vorstädte führt, bis hinauf zum Fuße des Alborz-Gebirges, das Teheran nach Norden gegen die kalten Winde des Kaspischen Meeres abschirmt.

Der Frühling hatte bereits seinen Einzug gehalten, die Jahreszeit, in der man Wünsche hat. Ich hatte 63 davon in meinem Koffer. Wünsche aus Konzert, Oper, Operette, Musical und Tonfilm. Zur Entgegennahme waren geladen die Mitglieder des Clubs, die Freunde, die Förderer und Gönner, die Wünschenden und die Wunschlosen. So war auch eine Einladung an den Kaiserlichen Hof ergangen, wie immer, wenn sich auf dem kulturellen Sektor etwas tat. Routinesache.

Es war später Nachmittag des 10. März 1973. Wir bauten im großen Saal unsere Geräte auf, fuhren die Bänder zur Probe, prüften die Akustik, rückten die Lautsprecher, waren zufrieden, HiFi in Persien.

Die Gäste konnten kommen.

Plötzlich Umbau. Nicht auf der Bühne, sondern im Parkett. Stühle wurden gerückt, ein großer, runder Tisch hereingetragen, dazu Clubsessel, Blumenarrangements, ein Korb mit frischen Früchten, Hektik, Nervosität. Mitten in einer heißen Nummer mit James Last drückte ich die Stoptaste und rief über das Mikrofon in den Saal: „Kann mir mal einer sagen, was los ist?"

„Sie kommt," rief man keuchend zu mir hoch, „sie kommt, das hat niemand erwartet." Nun gut, sie kommt, aber wer zum Kuckuck kommt denn?

Ich kletterte von der Bühne und erwischte den Vertreter der Deutschen Bank, der, auch nicht mehr der Ruhigste, aus seiner Pfeife dikke Wolken zur Decke schickte.

„Wer, um Allahs Willen, kommt denn da?"

„Madame Diba," war die kurze Antwort, die alles erklärte.

Also die Mutter der Kaiserin Farah Diba. Donnerwetter. Zu unserem Wunschkonzert, zur Lufthansaparty. In den Stolz, der mich um ein paar Zentimeter wachsen ließ, mischte sich doch ein wenig Lampenfieber. Ich hatte Kaiser und Könige, Muftis und Scheichs geflogen. Da war ich aber mehr oder weniger anonym im Cockpit. Hier war ich Repräsentant meiner Firma, vielleicht sogar meines Heimatlandes. Ein Sprecher, ein Plauderer in Uniform. Ein Entertainer mit vier Streifen am Ärmel.

Mir war nicht wohl.

Sollte ich meine bis ins kleinste ausgearbeitete Conférence umwerfen? Aber ich wollte doch Brücken zwischen den Völkern bauen. Warum sollte ich nicht die Brücke von Mensch zu Mensch betreten? Der Gedanke gab mir Mut.

Der Saal hatte sich gefüllt, doch niemand wagte sich zu setzen. Das Protokoll des Hofes wurde akzeptiert. Was Wunder in einem Land der Diktatur. Wie würde SIE kommen, welchen Eindruck würde SIE auf mich machen? Ich war neugierig – und ich war entschlossen, nichts zu ändern. Schließlich war ich jetzt verbaler Hoflieferant. Sei's drum!

SIE kam. Nicht allein, sondern inmitten eines Konvois schwarzer Straßenkreuzer. Man hielt, das niedere Volk verneigte sich. Hab' ich mich auch verneigt? Ich weiß es nicht mehr, denn die Lady, die, umringt von ihren Hofdamen, den Saal betrat, war einfach nett. Sie trug ein hellgraues Jackenkleid, das in einem hervorragenden Kontrast zum etwas dunklen Teint und den schwarzen Haaren stand. Ihre Tochter Farah war zwar im iranischen Aserbeidschan geboren, hier aber beherrschte eine Dame europäischen Formats, wenn der Vergleich gestattet ist, die Szene. Dezentes Karo, wo ich einen schwarzen Schleier erwartet hatte. Sie wirkte sogar ein wenig verlegen im ihr aufgezwungenen Mittelpunkt. Man nahm Platz. Ich trat ans Mikrofon, begrüßte, und hielt dabei die Dolmetscherin von Mme. Diba im Auge, die jedes meiner Worte übersetzte. Der erste Wunsch: Mozarts „Kleine Nachtmusik".

Die Töne verbanden, der Bann war gebrochen, die Stunden verrannen, vergessen die Zeit. Mitternacht. Fips' Auftritt war gekommen. Noch während die letzten Takte eines Strauß-Walzers den Raum füllten, ging ich zum Mikrofon, den Rücken zum Publikum, und wartete auf das Ende des Applauses, der abschwellend in den nächsten überging: ein Vivat meinem Fips, der sich, von der rechten Hand geführt, in die Beuge des linken Armes duckte, winkte. Strahlen auf Gegenseitigkeit!

Mme. Diba tuschelte mit ihrer Dolmetscherin, schaute hoch und kniff ermunternd die Augen zusammen. Wir, Fips und ich, wir hatten gewonnen.

„Schau einmal, Fips, die vielen Leute hier, und vielleicht sind sogar ein paar Menschen darunter."

Verhaltene Reaktion, die Dolmetscherin tat ihr bestes. Ich erzählte meinem Handpüppchen von den Menschen, den Tieren, den Wechselbeziehungen zwischen beiden und führte dann hinüber zu den Blumen, die in Teheran schon blühten, in Deutschland aber noch warten mussten. Wehe den Vorwitzigen:

„Zwei Krokusse hatten sich schick gemacht,
sie wollten den Frühling begrüßen.
Und kaum, dass der erste Sonnenstrahl lacht',
da wollten sie duften und sprießen.
Sie taten es auch. Doch kaum war'n sie raus,
da nahte der Frühling mit Brausen.

Sturmwind und Schnee trieb die beiden nach Haus
mit Schnupfen und Ohrensausen.
Sie zogen sich aus und legten sich hin
und konnten seitdem nicht versteh'n,
dass immer noch einer im Rundfunk sang:
Oh Frühling, wie bist du so schön."

Ich plauderte weiter, wurde sicherer.

Das Ergebnis: Fips wurde frech. Er begann mich zu stören, winkte einer Dame im Publikum unverhohlen zu, wandte immer wieder den Kopf und schien mir hinter der vorgehaltenen Hand etwas zuzuflüstern. Ich schüttelte, völlig aus dem Konzept geraten, energisch den Kopf und bedeutete, dass das nicht ginge. Fips ließ sich nicht irritieren, und das Auditorium ahnte längst, dass Fips' Flirt Mme. Diba galt.

Mich, seinen Freund und Mentor, ritt jetzt der Teufel. Sollte ich's wagen? Wieder störte Fips meiner Rede Fluss, wieder winkte er seiner Auserkorenen zu, und als er sich wieder mit bittender Gebärde mir zuwandte, sagte ich zwar leise, doch für alle verständlich ins Mikrofon:

„Nein, Fips, das geht nicht, die Tante kann Dich nicht mit in die Heia nehmen!"

Stille im Saal, Erstarren, Entsetzen. Ich hatte gewagt, die Mutter der Kaiserin despektierlich mit „Tante" anzureden.

Wie rasend ging es mir durch den Kopf: Ausweisung, diplomatische Verwicklungen, Schädigungen des Ansehens der Lufthansa, ja der Bundesrepublik Deutschland, ein Sicherheitsrisiko, Knast.

Die Übersetzung der Dolmetscherin schien ewig zu dauern. Plötzlich in die Stille hinein, ein herzerfrischendes Lachen. Mme. Diba schaute hoch zur mir, zu uns, sie applaudierte und breitete die Arme aus, als wolle sie sagen: „Fips, komm zu mir!" Und Fips kam, von mir getragen, unter dem Jubel des Publikums. Ich ging die Stufen von der Bühne ins Parkett hinunter, schritt langsam bis zur Mitte des Saales und überreichte mein Steifftier zur Weitergabe an den jüngsten Prinzen, dem jüngsten Sohn Ihrer Kaiserlichen Majestät, der Schahbanu, ihrem Enkel. Mme. Diba bedankte sich lächelnd mit einer Verbeugung.

Beim Kalten Buffet mit Pumpernickel, Knochenschinken und Dortmunder Bier kamen wir noch einmal ins Gespräch, wobei der deutsche Botschafter, Herr von Lilienfeld, die Übersetzung ins Französische übernahm, da es bei mir für eine flüssige Konversation nicht ausreichte, Mme. Diba jedoch in der Sprache der Könige zuhause zu sein schien.

Ein Stückchen Stoff, nunmehr von zarter Damenhand geführt, eroberte sich die Herzen. Wie hatte ich so oft gesagt: „Es kommt im Leben immer darauf an, wie man die Dinge anfasst, um auch die scheinbar toten Dinge zum Leben zu erwecken.“

Dass man diese Erkenntnis auch negativ sehen kann, wurde mir erst viel später bewusst, genauer gesagt am 15. Januar 1979, als ich mit der DC-10 D-ADCO startbereit auf dem Flughafen von Teheran stand und aus einem mir unbekannten Grunde warten musste.

Es kriselte im Iran. Eine vom Schah forcierte Industrialisierung hatte das Land in soziale und religiöse Konflikte gestürzt.

Die Opposition war offensichtlich.

Das Militär hatte bereits die Flugsicherung übernommen, d.h. es informierte lediglich über die Verkehrslage im Luftraum. Die Einhaltung der Sicherheitsbestimmungen blieb dem jeweiligen Kapitän überlassen. Man flog nach Sichtflugregeln: sehen und gesehen werden. Schon auf dem Herflug stellte ich fest, dass ein Teil der Funkfeuer, der Markierungssender für die Luftstraßen, nicht arbeitete. Mit dem Kommandanten einer vorausfliegenden amerikanischen Transportmaschine stimmte ich über Funk das Anflugverfahren auf den Flugplatz von Teheran ab.

„Space yourself,“ meinte mein Kollege voraus, was soviel hieß wie: setz dich hinter mich und halte selbst den notwendigen Mindestabstand ein.

Aus Sicherheitsgründen hatte die Lufthansa den Besatzungsumlauf so geändert, dass auf eine Übernachtung im Royal-Teheran-Hilton verzichtet werden konnte. Der Besatzungswechsel erfolgte in Istanbul. Dort tankte man auf – in Teheran gab es keinen Treibstoff mehr – und flog bis Frankfurt zurück.

Die Lage war verworren.

Die Amerikaner packten ihre bis dahin auf den Bergen installierten Radargeräte ein, luden aber nach der Landung zunächst einmal schwere Kisten aus. Das Gerücht hielt sich, dass der Schah unter dem Druck der Mullahs, der geistlichen Führer, abdanken würde. Zu verstehen war dies, denn die Liberalisierung, die ich über mehrere Jahre beobachten konnte, schoss über das Maß, das in dieser Region der Koran bestimmt, weit hinaus.

Eine Szene bleibt mir auch heute noch unvergessen.

An der Avenue Pahlevi, etwa 1000 Meter unterhalb des Deutsch-Iranischen-Clubs, war ein Supermarkt eröffnet worden. Ein Novum für die Menschen hier, für die ein ausgedehnter Plausch im Basar mit dazugehörigem Feilschen bei einem Glas Tee erst den Sinn eines Einkaufs ausmacht. Ein Einkaufsmarkt, ein Selbstbedienungsladen ohne Kommunikationsmöglichkeiten muss frustrierend wirken.

Des Widersinns wurde ich eines Nachmittags gewahr, als ich in diesem Supermarkt ein altes Ehepaar beobachtete, das, offensichtlich vom Land kommend, sich nun versorgen sollte.

Die Oma, wenn ich sie einmal so bezeichnen darf, stand fassungslos vor den Regalen, aus denen sie sich, ohne einen Wunsch zu äußern, ohne nach dem Begehr gefragt zu werden, nun selbst bedienen konnte. Selbst tiefverschleiert schob sie ihr Einkaufswägelchen vor sich her. Opa beriet sie und machte ihr Mut. Er war zweifellos der Aufgeschlossenere von den beiden. Einheimische Waren schienen vertraut, Elektroartikel mit den nicht zu übersehenden Aufklebern „Made in Germany" schon fremder. Was jedoch selbst mir hier unbegreiflich schien, war das Sortiment des Zeitungs-, Illustrierten- und Magazinstandes. Opa, der bisher begleitend und ermunternd seiner Frau beigestanden hatte, scherte plötzlich aus und schob einen »Playboy« in die achterne Hosentasche. Sicherlich nicht, um ihn unbemerkt an der Kasse vorbeizumogeln, sondern um ihn seiner Frau zu verheimlichen.

Ein Volk zwischen Schleier und Nackedei, das konnte nicht gut gehen.

Ich hatte dieses Bild wieder vor Augen, als ich aus dem Cockpitfenster schaute und Tornados starten und landen sah, die zu Supertankern umgebauten Boeing 747. Eine B 707, die Privatmaschine des

Schah, machte „touch-and-go", scheinbar zum Training für die Besatzung.

Wir standen auf dem Vorfeld und standen und standen. Die Erlaubnis zum Anlassen der Triebwerke wurde immer wieder hinausgezögert. Die Luftwaffe des Iran hatte Priorität.

Unser Bodenmechaniker, mit dem ich über eine Sprechleitung verbunden war, hatte inzwischen erfahren, dass das Informationsamt der Regierung in ein Gebäude am Rande des Flughafens zu einer Pressekonferenz geladen hatte. Verlautbarung, Bekanntmachung, Information?

Was wir nicht wissen konnten, war ein Coup.

Nachdem die Vertreter der internationalen Presse vollzählig versammelt waren, schloss man die Türen und drehte den Schlüssel um. Die Weltgeschichte spielte sich nicht im Saal, sondern vor unseren Augen ab:

Ein Hubschrauber landete, eine kleine Gruppe stieg aus und ging hinüber zur B 707 des Monarchen. Dort stieg man ein, die Türen wurden geschlossen, niemand winkte.

Die Maschine startete um 11.30 Uhr Ortszeit. Das Ziel in der Freigabe der Flugsicherung wurde mit „Kairo" angegeben.

Start nach Westen.

Etwa zwei Stunden später hörten wir im Überflug von Ankara die Nachrichten der Deutschen Welle: Der Schah hatte mit seiner Familie unter dem Druck der Ajatollas und des Militärs seine Heimat, den Iran, verlassen.

Was wurde aus Fips!!???

Leben an Bord

Passagier-Kaleidoskop

Wie eine Röhre, mit Spiegeln ausgestattet, mit bunten Steinen und Glasstückchen gefüllt, die nach jeder Erschütterung in eine Vielfalt neuer Farben und Facetten zusammenfließen, so kommt mir oft die Kabine eines Großraumflugzeugs vor. Es ist ein merkwürdiges Gefühl, aus dem Cockpit zu kommen und zwischen 300 Menschen entlangzugehen. Bei jedem Flug sind es andere. Das Kaleidoskop zeigt dem Betrachter Vielflieger, man erkennt sie am gelangweilten Gesichtsausdruck. Dann wieder sieht man Menschen, denen Fliegen Freude macht, und das sind nicht nur die Kinder. Und natürlich gibt es immer wieder ängstliche Erstflieger, Menschen, die so verschreckt sind, dass man sie am liebsten an der Hand nehmen und ins Cockpit führen möchte, um ihnen die Welt der Piloten zu zeigen und um ihnen die Angst zu nehmen.

Ich habe Sympathie für Erstflieger, weil ich sie gut verstehen kann. Versetzen wir uns einmal in ihre Lage. Niemand hat den Ängstlichen die umständliche Abfertigungsprozedur am Boden erklärt. Die Passagiere mit der grünen Bordkarte Flugsteig B. Nein, in den Bus einsteigen dürfen Sie noch nicht. Dann die Sicherheitskontrollen. Die Tasche wird durchleuchtet, der Passagier untersucht auf „Messer, Gabel, Scher' und Licht". Nach dem Einchecken einer Prozedur, die sich oft endlos lang ausdehnt, werden die Erstflieger wie die alten Hasen in einen Warteraum gesperrt, aus dem es kein Vor und kein Zurück gibt. Wenn dann schließlich doch das Lämpchen zu blinken beginnt, dürfen sie sich entweder in einen Bus oder eine Flugsteigröhre zwängen. Dann betreten sie einen fahrbaren Saal, der mit Flügeln versehen und mit Sitzen bestückt ist. Die Flügel wiederum sind mit mächtigen Turbinen ausgestattet.

Eine weitere sitzt im Heck und sorgt heulend für Strom und Kühlung. Kaum dass die Erstflieger sich orientiert haben, müssen sie sich anschnallen. Sie werden Zeuge einer Schau mit Sauerstoffmaske und Schwimmweste und verstehen nicht recht, dass dies zu ihrem Wohlbefinden veranstaltet wird. Zu allem Überfluss werden sie dann auch gebeten, sich eine in Plastik eingeschweißte Anweisung durchzulesen, wie man durch Notausgänge und über Rutschen schnellstens den Raum verlassen kann, den zu betreten man gerade soviel Geld auf den Tisch geblättert hat.

Ich male das Kaleidoskop etwas zu düster? Sie haben recht.

Nur selten geht es in einem Flugzeug so beklommen zu. Da sind zum Beispiel die Passagiere der Charterflüge. Sie haben es vielleicht schon einmal miterlebt, wie nach der Landung entspannt und ausgelassen applaudiert wird. Manche Passagiere glauben, die Besatzung pfeift darauf. Tut sie nicht.

Ich erwähne die Charterfluggesellschaften hier, weil ich 1970 einige Monate lang für die Condor, eine Tochtergesellschaft der Lufthansa, geflogen bin. Die Lufthansa hatte vorübergehend zu viele Kapitäne, die Condor zu wenig, da hilft man sich.

Die Maschine stand auf dem Flugplatz in Pula. Ich sah, wie die Passagiere, braungebrannt und in Urlaubskleidung, die Treppe hochkamen. Zwei von ihnen allerdings krochen auf allen Vieren, so betrunken waren sie. Ich ging in die Kabine, um mir die beiden aus der Nähe anzusehen. Sie hatten einen Platz in den vorderen Reihen gefunden und sahen mich aus glasigen Augen an. Ich begrüßte sie und sagte ihnen, sie würden sich auf einem Platz in der letzten Reihe wohler fühlen, weil wir beim Rückflug über die Alpen mit Turbulenzen zu rechnen hätten. Von der letzten Reihe war die Toilette leichter zu erreichen. Oh, sagten sie fröhlich lallend, Turbulenzen machten ihnen nichts aus. Im Gegenteil, je mehr desto besser.

Da entdeckte ich die sperrige Blumenvase, die einer der beiden zwischen die Knie geklemmt hatte. Mit dem Versprechen von mehr Bequemlichkeit konnte ich die beiden Freunde nach achtern komplimentieren. Allerdings war der Vasenträger so ungeschickt, dass er mit seinem Ungetüm an den Kopf eines vor ihm sitzenden Passagiers stieß.

Dann ging alles sehr schnell, so schnell, dass ich es kaum verfolgen konnte. Ich weiß nur noch, dass der Getroffene dem schuldigen Unglücksraben die Brille von der Nase riss und auf dem Boden zertrampelte. Die beiden gingen in den Clinch. Die Frau des Brillenvernichters mischte sich ein, sie hielt dem Mann mit der Vase die Faust unter die Nase. Und der biss zu!

Es gelang mir, mit Hilfe anderer Passagiere, die beiden angeheiterten Freunde über die hintere Treppe des Flugzeuges an die frische Luft zu setzen. Draußen auf dem Flugfeld machte ich ihnen klar, dass von einem Heimflug mit dieser Maschine keine Rede mehr sein konnte. Sie mussten zur Ausnüchterung in Pula bleiben.

Inzwischen waren zwei Sanitäter an Bord gekommen, sie versorgten meinen gebissenen Passagier. Die Damen von der Abfertigung kamen ans Flugzeug, sie entschuldigten sich, weil sie die beiden angetrunkenen Passagiere hatten passieren lassen.

Zurück in der Kabine, traf ich die energische Dame wieder, die inzwischen verbunden worden war.

„Wie geht's Ihrem Mann?", fragte ich.

Sie hatte ihn auf den Fenstersitz gedrängt, wo er wie ein reuiger Sünder hockte. Sie maß ihn mit einem strengen Blick. Und dann lächelte sie mir huldvoll zu.

„Ich garantiere Ihnen," sagte sie so laut, dass alle es hören konnten, „mein Mann wird die Sicherheit des Fluges nicht gefährden."

Das war ein klares Wort. Ich ließ die Türen schließen. Wir flogen heim.

Das nächste Steinchen unseres Kaleidoskops ist himmelblau. So blau wie der Himmel über Arabien.

Es war auf einem Flug von Dharan über Kairo nach Frankfurt, und ich hatte Arbeiter, Ingenieure, Planungs- und Verwaltungsfachleute an Bord, die nach Erfüllung ihres Vertrages in Saudi-Arabien in die Bundesrepublik heimflogen. Sie hatten Straßen und Flugplätze gebaut, Anlagen zur Gewinnung von Trinkwasser aus dem Meer errichtet. Sie hatten in klimatisierten Baustellen-Camps gewohnt. Sie hatten Wasser zum Duschen und zum Trinken gehabt. Was dem einen oder anderen in Arabien sehr abgegangen war: der Alkohol.

Kein Wunder, dass manche schon über dem Roten Meer angeheitert waren. Die Gesichter strahlten. Die Reden wurden lockerer. Es war eine Entwicklung, die von der Crew nicht ohne Besorgnis verfolgt wurde.

Wir fanden uns zum Kriegsrat im Cockpit zusammen. In Kairo, das sah der Flugplan vor, mussten wir die Passagiere an die nächste Crew übergeben, die den munteren Haufen dann nach Frankfurt, in die Heimat, fliegen würde.

„Es gibt nichts mehr zu trinken," verkündete ich.

„Und wie soll ich denen das klarmachen?", fragte meine Stewardess.

„Angst vorm Fliegen," sagte ich.

„Angst vorm Fliegen?"

Ich nickte. Sie dachte nach. Und dann schmunzelte sie. Sie hatte verstanden. Ich sah ihr nach, wie sie in die Kabine zurückging.

Rechtskurve über Luxor, unter uns das silberne Band des Nil. Die Stimmen in der Kabine waren leiser und leiser geworden, schließlich war alles still. Schliefen die? Oder schauten sie verzückt auf die Pyramiden hinab?

Ich drückte dreimal auf den Klingelknopf. Augenblicke später erschien die Stewardess an der Tür zum Cockpit.

Ich deutete nach hinten. „Was ist los?"

„Die Passagiere haben zu trinken aufgehört," berichtete sie.

„Was haben Sie ihnen denn erzählt?"

Sie sah mich sehr unschuldig an. „Ich habe noch einmal sehr genau die Notwasserungsmaßnahmen fürs Mittelmeer erklärt, danach hat keiner mehr einen Drink verlangt."

Das dritte Steinchen in meinem Kaleidoskop ist rot. Rot als Symbol der Aggression.

Wir kamen aus Teheran, wo die Meldeschlusszeit für die Passagiere drei Stunden vor dem Abflug liegt. Drei Stunden benötigen die iranischen Behörden, um die ausreisenden Passagiere zu kontrollieren.

Es war der Flug LH 601 über München nach Frankfurt. Aber wir waren noch weit von München entfernt, wir hatten soeben unsere

Position über dem Lake Risaje abgesetzt und Kurs auf den Van See genommen, als das Telefon im Cockpit klingelte. Die Purserette, die Chefstewardess, meldete sich. Ein Passagier, so berichtete sie, habe eine Prügelei begonnen. Er sei überwältigt und in die Toilette gesperrt worden.

Ich übergab die Führung der Maschine dem Co-Piloten und ging nach hinten, nicht ohne vorher die Jacke mit den vier goldenen Streifen anzuziehen. Der Übeltäter war inzwischen aus seinem Verlies befreit worden. Ich ließ mir seinen Pass geben. Ein Deutscher aus Oberhausen, aus dem Ruhrgebiet. Zur Begrüßung duzte er mich.

„Ich komm aus Duisburg," sagte ich.

„Aha, MSV." (Ein Fußballfan!)

Ich deutete auf einen freien Sitz. „So, getz bisse brav und setz dich hin, sonz gehsse vor Tür."

Er setzte sich. Ich nahm neben ihm Platz.

„Warum haben Sie eigentlich eine Schlägerei angefangen?" fragte ich.

Schweigen.

Es war wohl doch besser, wenn ich im gewohnten Ruhrdeutsch mit ihm sprach.

„Wat willze?" fragte ich.

Seine Augen leuchteten auf. „Musik un Schnaps un flotte Weiba."

Und dann erfuhr ich, dass mein Passagier gleich nach dem Start in Teheran ein paar Gläser zuviel erwischt hatte. Er hatte seinen Kummer ertränken wollen. Und Kummer gab's reichlich. Der junge Mann war als Monteur auf einer Baustelle aus ungeklärter Ursache von der iranischen Polizei verhaftet worden. Einige Monate hatte er unter schlimmen Bedingungen in einem Gefängnis in der Nähe des Kaspischen Meers verbracht, und nun war er nach Deutschland ausgewiesen worden. Er war sehr froh, dass es endlich heimging. Und dass er an Bord vorübergehend eingesperrt worden war, nahm er niemandem übel. Das stille Örtchen auf der DC-10 war ihm nach dem iranischen Gefängnis wie eine Luxuszelle vorgekommen.

„Warum dann aber die Schlägerei im Flugzeug?" fragte ich ihn.

Streit – so erfuhr ich – hatte es gegeben, weil der gute Mann neben einen Iraner platziert worden war. Und Iraner mochte er doch nicht leiden, die hatten ihn ja ins Gefängnis gesteckt. Und zum Trost wünschte er sich Musik und Schnaps und flotte Weiber.

Musik? Ich ließ einen Kopfhörer für die Programme aus der Bordsteckdose für ihn kommen.

Schnaps? Ich ließ ihm eine Cola servieren. Flotte Weiber? Ich erklärte ihm, dass die Flugbegleiterinnen bei der Lufthansa allenfalls mütterlichen Sex ausstrahlen.

Das schien meinem Raufbold einzuleuchten. Er war zerknirscht, als ich ihn verließ.

Schwer zu sagen, ob das an der Musik, an der Cola oder an der Stewardess lag.

Nach diesem roten Blitz mit schnell wechselnden Schattierungen schnell noch ein grünes, ein hoffnungsvolles Splitterchen im Flugzeug- oder Passagierkaleidoskop.

„Können Sie denn nichts mehr für meine Familie tun?"

Dabei trat sie nervös von einem Fuß auf den anderen, die Stewardess von Position 2 R.

Der Kollege von der Lufthansastation des Flughafens in Athen hatte mir das Berechnungsformular für Beladung und Schwerpunkt vorgelegt, das ich nur noch zu unterschreiben brauchte, dann waren wir fertig zum Abflug. Alle Checks waren gemacht, alle Frachtraumtüren geschlossen, verriegelt und überprüft.

Im Cockpit herrschte bedrohliche Enge.

„Fräulein Siegl," rief ich.

Sie quetschte sich aus der Galley, wo sie den Kolleginnen für den Service in der Ersten Klasse im Wege stand, wieder durch die Tür am Flugingenieur vorbei zu mir vor.

„Ja, bitte?"

„Wer ist denn da von Ihren Lieben stehengeblieben?" fragte ich.

Es war das alte Problem, das täglich an den Flugschaltern der beliebten Ferien- und Freizeitziele auftaucht. Als Firmenangehöriger des Lufthansakonzerns kann man billig fliegen – sofern Platz ist. Der Vollzahler hat Vorrang. „Warteliste" heißt das Wort, das kleine Tröpfchen den Rücken hinabrinnen lässt. Sind Eltern oder Geschwister im Gefolge, wird's völlig hoffnungslos. „PAD" heißt das Beförderungszeichen, „Passenger for Disembarcation," was soviel heißt wie: Passagiere zum Aussteigen. Von Einsteigen ist da gar nicht erst die Rede.

Nun stand sie da und wusste nicht mehr weiter, das arme Fräulein Siegl. Bei ihren Passagieren wurde sie gebraucht, denn Dienst ist Dienst. Die Mutter war an Bord, konnte sich aber vor Nervosität nicht entschließen, Platz zu nehmen, und die kleine Schwester weinte still vor sich hin.

„Mein Vater steht noch draußen im Terminal. Er will morgen nachkommen – wenn's klappt. Aber da sind doch noch Plätze frei," begann sie aufzubegehren.

„Ich weiß," und meine Stimme zeigte eine Tendenz, ins Forte überzuwechseln, „aber ich hänge am Startgewicht, ich bin zu schwer. Flugzeuggewicht, Kraftstoff, Passagiere, Gepäck, Fracht, Post. Mädchen, ich bin voll, ich hab nur noch 16 Kilo Spielraum, und der Vater wiegt doch mehr. Glaub mir doch, es geht nicht."

Schweigen, ratlose Blicke auf ein mit Zahlen übervolles Formular.

„Und Ihr Gepäck?" flüsterte Mr. Matlopoulos. Ich hätte meinem griechischen Kollegen um den Hals fallen können, was aber zu einer Fehlinterpretation hätte führen können. Ganz leise hatte er die Frage in die gespannte Atmosphäre fallen lassen. Er hatte recht. Wir flogen einen Tageseinsatz ohne Übernachtung, d.h. ohne Koffer mit einem Minimum an Utensilien in der kleinen Tasche. Das Gewicht für das Crewgepäck war frei.

Ein Ruf nach rückwärts, fortissimo: „Vater Siegl einladen!"

Man möge mir das despektierliche Kommando „einladen" verzeihen. Herr Siegl war schließlich keine Fracht, aber er trat an die Stelle frei werdenden Gewichts. Ich korrigierte die Beladungsberechnung und unterschrieb. Wir waren „in limits". Unten rauschte ein kleines, gelbes Auto vor, ein älterer Herr spurtete die Fluggasttreppe hoch. Ich kannte ihn nicht, aber ich sah, dass er strahlte, und was seinen Koffer betraf, für den hatten wir nun auch noch Platz. Familienzusammenführung, einmal griechisch.

Los, Türen zu, anlassen. Die fünf Minuten Verspätung holen wir wieder rein.

Rollen, starten, ab nach Frankfurt.

Kurz nach dem Überflug der Alpen wurde mir ein Briefchen aus der Kabine überreicht – gez. Wigg Siegl. Diese Handschrift war mir vertraut, die eines bekannten, von vielen Lesern geliebten Karikaturisten. Ich glaube, ich habe einen Menschen glücklich gemacht.

Eine kulinarische Flugreise

Beim Briefing, der obligatorischen Besatzungsbesprechung vor einem neuen Einsatz, hatte der Kapitän harmlos in die Runde gefragt, ob wohl jemand dabei sei, der noch nie einen Start oder eine Landung im Cockpit miterlebt habe. Zwei Stewardessen meldeten sich zaghaft. Er war überrascht. Seit Jahren kannte man sich, zwar nicht immer auf Anhieb beim Namen – kein Wunder bei einer Zahl von mehr als 6000 dienstbaren Lufthanseaten im Bereich der Kabine -, aber die Gesichter waren einem vertraut, zumal die Kolleginnen und Kollegen mit einer Musterberechtigung für den Airbus A-310 doch nur einen begrenzten Kreis umfassten.

Beim „Check-in“, der Anwesenheitsregistrierung, hatte man sich kurz beschnuppert und zu werten versucht, mit wem man denn da einige Tage auf die Reise gehen würde.

Und nun melden sich zwei Goldkinder und geben ein wenig verlegen zu, dass man zwar seit Jahren auf demselben Dampfer sitzt, in derselben Röhre Dienst tut, aber noch nie im Cockpit mitgestartet beziehungsweise – gelandet ist.

Der Kapitän hat's leicht. Die Besetzung der Emergency-Positionen an den Türen des Airbus wird schnell ausgetauscht: „Sie sitzen beim Take-Off im Cockpit.“ Der Zeigefinger unterstützt den kategorischen Imperativ.

Eine Stunde später: Kurz vor dem Erreichen der Startposition betritt sie das Allerheiligste des Flugzeugs und nimmt fast schüchtern auf dem Jumpseat Platz. Nun wird sie den Ablauf des Geschehens in sich aufsaugen, die Instrumente beobachten, die Beschleunigung genießen und an sich halten, um nicht in einen Schrei der Begeisterung auszubrechen. Lift-Off.

Da knackst es auf dem Sitz hinter dem Kapitän. Die Gurte lösen sich aus dem Schloss, sie steht auf und wendet sich zur Tür. „Wo wollen Sie denn hin, die Anschnallzeichen sind noch an?"

Die Worte, die dann kommen, lassen unter vier goldenen Streifen eine Welt zusammenbrechen – oder sie rücken einige Positionen im missverstandenen Selbstverständnis wieder zurecht: »Ich muss doch die Zitronen für den Cocktail schneiden!"

Der Beobachter dieser Szene hätte sie umarmen können für ihren kleinen/großen Mut. Hier im Cockpit geht's primär um die Sicherheit, hinten im „Gasthaus" zusätzlich um die Zufriedenheit. Und die zu erreichen, ist oftmals schwer.

Für das erste Teilstück Frankfurt-München waren die Gäste mit Gästebeuteln versorgt, einem egalisierenden Verpflegungsutensil. Ob Rucksacktourist, ob Manager im Nadelstreifen: Delay-Geschädigte finden hier Ablenkung und das bereits im Wartesaal. (Den Durst muss vorerst Joghurt stillen.) Vorbei sind die Zeiten der Sodbrennen fördernden Kekse, die oft für die Cockpitcrew die einzige Nahrung während des ganzen Tages waren.

An Bord gibt's endlich Flüssiges vom Servicewagen. In der Ersten Klasse werden Gabelbissen serviert. Der Kaffee kommt frisch aus der Maschine. Die Hektik beginnt und damit als wichtigste Aufgabe des Pursers oder der Purserette als „Chef de Cabine" die Steuerung des Arbeitsablaufs über die zur Verfügung stehende Zeit. Die kann sehr knapp sein, denn die im Flugplan ausgewiesenen 55 Minuten trügen. Für das Rollen zum Start gehen zehn Minuten ab, für das Taxiing in München noch einmal fünf.

Und da die Anschnallzeichen nicht gleich nach dem Start ausgeschaltet werden und mit dem Beginn des Sinkflugs wieder aufleuchten, bleibt zur Versorgung der 164 Hungernden und Dürstenden oft nicht einmal eine halbe Stunde.

Doch all das ist nur eine Übung für den Weiterflug der LH 682 nach Kairo. In den drei Bordküchen, den Galleys, hat man sich arrangiert. Getrennt schulen, aber gemeinsam schuften. Meist übernimmt der/die Dienstälteste die Position „1 R", will heißen: an der „Tür 1 Rechts". Und damit die Aufgabe, die früher einmal dem Kochsteward zufiel. In Frankfurt wurden schon die Trolleys, die Wagen mit den „Leckereien“ vom Cateringagenten der LSG gegen Unterschrift beladen. Bis zu 23 Brötchensorten sind an Bord. Ein winziger Bruchteil der in Frankfurt täglich frisch gebackenen 60 000 Stück. Jetzt rechtzeitig nachbacken, denn die Öfen werden fürs Filetsteak gebraucht, das „rare“ an Bord kommt und in etwa 15 Minuten bei 150 Grad die beste Qualität erreicht. Die Ente würde 20 bis 25 Minuten garen. Heute aber gibt's für die First-Class zur Auswahl pochierten Babysteinbutt in Weißweinsoße (15 Min. bei 150 Grad). Die dazu gereichte Gemüsepfanne benötigt noch einmal 25 bis 30 Minuten Aufheizzeit. In der Business-Class können sich die Fischfreunde wahlweise mit gebratenen Forellenfilets verwöhnen lassen.

Also: vorausdenken, vorausplanen! Die Käseplatte kann schon vorbereitet werden mit Passendale, Bouquet Käse, Chevre du Perigord, Champignon de Luxe, Cambozola.

Selbst der LMP, der „Last Minute Passenger“, braucht nicht hungrig von Bord zu gehen. Auch für ihn wurde noch gesorgt. Bei seinem verspäteten Eintreffen am Abfertigungsschalter ging per Telefon oder Funk ein Ruf an den Cateringeinsatz, auf dem BTX-Schirm erschien die veränderte Passagierzahl mit dem benötigten Menü, ein kleiner Einsatzwagen flitzte über das Vorfeld zur Kairo-Maschine, die letzte Tür schloss sich. Ready to go!

Was aber ist mit den speziellen Verpflegungswünschen, die mit der Buchung angemeldet wurden? Allergien sind zu berücksichtigen, Magenerkrankungen, Diabetes. Alles ist möglich, wenn man es rechtzeitig weiß – und wenn sich der Passagier an Bord auch meldet. Das aber ist leider nicht immer der Fall.

Auf der Kairo-Strecke enthalten die angebotenen Mahlzeiten ohnehin kein Schweinefleisch. Folglich gibt es auf den Flügen nach Israel nur Cosher-Food? Man ging den anderen Weg: Der Gast bestellt, was er gern mag, was für ihn bekömmlich oder aus anderen Gründen für ihn akzeptabel ist. Damit beginnt aber für die Gastgeberin an Bord das große Suchen, denn Sonderbestellungen rangieren im Ablauf hinter dem Standardservice. Und da das Tischlein-deck-Dich für so manchen Special-Guest verführerisch wirkt, greift man zunächst einmal zu. Erfahrungen, die in die Logistik der LSG längst eingeflossen sind: man catert zusätzliche Verdacht-Portionen.

Doch es kann auch umgekehrt geschehen. (Erfahrungswerte auf der Route Tel Aviv!) Gebucht hatte die Firma, und die nimmt's nicht so genau. Auch der Chef möchte als Vielflieger genießen, so wie's gerade kommt. Und nie hat's ihm geschadet. Doch – weh' geschrien – da sitzt die Konkurrenz gleich eine Reihe hinter ihm. Die würd's direkt dem Rabbi stecken. Zaghaft kommt der Finger hoch: „Ich möchte ... im Austausch." „Verstehe, es ist an Bord."

Wenn's aber nicht benötigt wird, bleibt man dann auf der Sonderverpflegung sitzen? Mitnichten. Im Cockpit ist für jeden Glauben Platz, vor allem für den an die Qualität der eigenen Küche. Und da für die Besatzungen kein Essen mitgegeben wird, ist man für jeden Happen dankbar, der am Ende eines Schlemmerganges durch die Tür nach vorn gegeben wird. Überzeugte Bajuwaren allerdings bestellen im Anflug auf München schon per Funk den Leberkäs. Auch eine Glaubenssache.

So ist, wenn es nach Kairo weitergeht, schon alles vorbereitet. 3:45 Uhr sagt der Flugplan. Plenty of time, um alle Mäuler zu stopfen. Zum Purser und seinen sechs Stewardessen oder Stewards sind zwei weitere als Verstärkung hinzugekommen, sogenannte „Servicespringer" die sich in wenigen Minuten integrieren müssen, im Kabinenteam, aber auch mal als „Galleymaus".

Als ob ein Kind bei der Familienfeier rufen würde: „Mammi, sie kommen," so lässt der Ruf „Paxe" beim Vorfahren der Busse an der Maschine kleine Adrenalinstöße frei werden. Denn jeder weiß: die Zeit wird knapp.

164 Passagiere müssen aus drei Bordküchen versorgt werden, von denen jede an Bewegungsfläche nur etwa vier Quadratmeter bietet. Die Reihen eins, zwei und drei in der Ersten Klasse werden von der vorderen Galley aus versorgt. Von der zweiten die Reihen elf bis 22 und aus der hinteren Küche die Reihen 34 bis vor zur Reihe 23.

Jeder Handgriff muss jetzt sitzen, jeder Blick muss verstanden werden. Die Passagiere – Mütter mit Babys, unbegleitete Kinder (UM), Senioren und Junioren – sie alle haben Wünsche, nicht immer Sonderwünsche, aber Wünsche. Nach dem Abräumen des letzten Dessert-Tellers (Brombeeren in Ahornsahne, 164 Portionen von täglich 22 000) soll auch noch zollfreie Ware angeboten werden, wobei jeder weiß, dass alle nur auf die zusätzliche Getränkearie warten. Drinks auf einer Strecke in heiße, „trockene" Gebiete mit viel Sand und islamischen Gesetzen. Die Vinothek an Bord wird jetzt geplündert. Edelste Tropfen, sechs Jahre zuvor getestet und in großen Mengen eingekauft (1,25 Millionen Liter pro Jahr), werden noch einmal genüsslich geschlurft. Von den 2,3 Millionen jährlicher Piccolos wird – schon über den Pyramiden angekommen – noch ein beachtlicher Teil vernichtet.

Noch schlimmer aber wird es auf dem Rückflug. Die Kehlen der Heimkehrer von den Ölfeldern Saudi Arabiens und der Emirate, aus den Wüsten des Sudan sind ausgedörrt. Es interessiert kein Steak, kein Fisch, keine noch so zarte Ente. Man steht Schlange an den Miniküchen, steht damit allen im Weg und kennt nur noch eine Sehnsucht: Bier – begleitet von nicht endenwollenden Gesprächen mit einem netten Mädchen, das nicht unhöflich werden möchte (darf).

Doch was tun, wenn die Augen des Ingenieurs einer deutschen Elektrofirma glasig werden und das Lied „Der schönste Platz ist immer an der Theke" in einen lallenden Sprechgesang übergeht? Dann wird sich die Flugbegleiterin, so ihre offizielle Dienstbezeichnung, eines ihrer persönlichen Tricks bedienen müssen, wozu sie ihre Aufgabe an Bord legitimiert. Sie wird den zum heimwehkranken Kind gewordenen Kleiderschrank dezent darauf hinweisen, dass in diesem Zustand bei einer möglichen Notwasserung im Mittelmeer eine Rettung höchst zweifelhaft erscheint. Dass sich mit der Angst der Menschen viel erreichen lässt, wissen nicht nur die Versicherungsagenten.

So geht die Sorge um das Wohlergehen von Passagieren und Besatzung ihre eigenen und verborgenen Wege. Jeder wird sie anders sehen.

Wie sagte doch der Kapitän zu Beginn des Fluges, den Blick auf die Cabincrew gerichtet: „Für mich sind Sie ausschließlich zur Sicherheit an Bord. Und erst wenn es Zeit und Umstände erlauben, machen Sie Service. Dann aber bitte besser als bei anderen Airlines."

Ungebetene Gäste

„Lufthansa 619, you are cleared for take off. However be careful, there is a donkey on the runway!" Damit war es eindeutig: Lufthansa, Ihr könnt starten. Aber seid vorsichtig, es steht noch ein Esel auf der Bahn.

„Hirsch, damischer," entfuhr es dem Copiloten, wobei nicht deutlich wurde, ob er damit das tierische Hindernis oder den Saudi auf dem Tower meinte. Man rollte vorsichtig los, so wie man's im Winter zuweilen tut, um Nebelschwaden zu vertreiben, heizte dem Grautier ein, ohne es allzu sehr zu erschrecken, und startete von der anderen Seite, da der Wind zu dieser mitternächtlichen Stunde am Persischen Golf ohnehin eingeschlafen war. Die Rauchfahnen der Fackeln über den Ölfeldern von Dharan stiegen senkrecht in den Himmel. Es roch, von der Klimaanlage angesaugt, eigenartig muffelig, brenzlich bis hinauf auf 4000 Meter. Das aber dürfte die einzige Verschmutzung gewesen sein, die sich an Bord feststellen ließ.

Wirklich die einzige? Das Beanstandungsbuch, das von der Kabinenbesatzung geführt wird, gibt oft erst Tage später einen Hinweis darauf, was sich trotz aller Vorkehrungen als Blinder Passagier eingeschlichen hat. Da taucht, zwar äußerst selten, doch wenn, dann mit blindem Eifer verfolgt, schon mal eine Küchenschabe auf. Eine deutsche (Phyllodromia germanica) oder aber, aus Südostasien eingereist, eine „Blatta orientalis", wobei die Weibchen oft geflügelt sind. (Während des Caterings sind Tür und Tor geöffnet, und bei den Breitbandschaben beherrschen die Männchen zumindest den Gleitflug!)

„Ein Kakerlak" ist dann der Entsetzensschrei, der ermüdete Kabinenbesatzungen auf die Beine bringt. Erfahrene Fernostflieger zukken da mit der Bemerkung „a cockroach« nur müde mit der Schulter, während Südamerikakenner gleich im Rumbarhythmus mit den Fingern schnippen und dazu summen: „La Cucaracha, la Cucaracha." Mentalitätssache.

Doch nach unseren deutschen Gesundheitsgesetzen sind alle diese Biester als sekundäre Krankheitsüberträger melde- und bekämpfungspflichtig. Eine Begasung des Flugzeugs mit Blattanex durch eine Frankfurter Spezialfirma in der Wartungshalle ist dann meist unumgänglich.

Etwas radikaler gehen da die Australier vor. Nach der Landung in Sydney oder Melbourne bleibt jedes Flugzeug, das aus dem Ausland kommt, so lange geschlossen, bis der Quarantäneoffizier an die Tür klopft. Dann, lieber Passagier, hilft nur noch „Augen zu" und ein Taschentuch vor Mund und Nase. Denn der Inhalt von zwei großen Sprühflaschen mit Aerosol füllt in den nächsten zehn Minuten als insektenvernichtender Nebel die Kabine. Ausdruck einer panischen Angst vor kleinen, unliebsamen Emigranten.

Eine Bekämpfungsaktion von zweifelhafter Effektivität. Und so manches Tier würde sich dabei sogar ins Pfötchen lachen: eine Maus zum Beispiel. Auch sie interessiert sich zuweilen für das Fliegen und wird oft Wochen später erst entdeckt. An Bord ist es gemütlich, warm und trocken. Zu fressen gibt es zwar nicht viel, doch aus Isoliermaterial lassen sich herrliche Nester bauen. In den Seitenverkleidungen kann man sich verstecken. Und wenn man über der Kabinendecke durch die Kabelkanäle in Flugrichtung rennt, ist man schneller als der Schall. Oder?

Meist fangen die Flugzeugwarte eine von der Crew gemeldete Maus per Falle mit duftendem Köder. Wenn aber die Selbsthilfeaktion nichts bringt, hört der Spaß auf, und es wird der Entweder eingeschaltet, wie sich der Kammerjäger offiziell bezeichnet. Bekämpft wird dann die Maus mit Blausäure, nach behördlicher Genehmigung und Bewachung der Maschine durch besonderes Personal. Es herrscht Kriegszustand im Flugzeug. Denn hier wird neben der Hygiene auch die Sicherheit tangiert. „Ich, die Maus, ich bin ein Restrisiko! (Man könnte größenwahnsinnig werden.)"

Was sie an Bord an überschaubarem Schaden anrichtet, kann an anderer Stelle gleich in die Millionen gehen. Dort nämlich, wo sich die Nager in Scharen bemerkbar machen: es sind die Feld- und die Wühlmäuse. Sie ziehen die Greifvögel an, besonders den Turmfalken und den Bussard, aber auch Elstern und Krähen. Die Gefahr, die jetzt den Flieger nervt, heißt Vogelschlag. Zwar merken sich die meisten Vögel die An- und Abflugrouten der Flugzeuge, die Spitzenzeiten des Luftverkehrs, die Auswirkungen der Wirbelschleppe, und sie überfliegen die Start- und Landebahnen, als hätten sie präzise Angaben von der Flugsicherung. Doch Thomas Müntze, der Förster des Frankfurter Flughafens, sieht das gar nicht lustig. Er hat Ärger mit den Neulingen unter den ungebetenen Gästen. Sein Ziel: die 1000 Hektar Grün- und Waldfläche des Rhein-Main-Flughafens für Durchreisende so unattraktiv wie nur möglich zu gestalten. Das heißt: weder Rast- noch Schlaf-, noch Fressplätze.

Erste Maßnahme: das Gras nur auf 20 Zentimeter herunterschneiden. Dadurch weniger Eiweißproduktion = weniger Mäuse = weniger Greifvögel. Außerhalb des Zaunes keine Feuchtbiotope, keine Mülldeponien. Herabsetzung der Gefährdung des Luftverkehrs durch passiven Naturschutz. Jedem das Seine an seinem Platz.

Aber was ist mit den Karnickeln, die sich an kühlen Abenden um die blauen Begrenzungsleuchten am Taxiway scharen und das Heck, pardon, die Blume wärmen? Auch sie sind lernfähig und kennen den Weg der Maschinen. Sie hoppeln erst über die Bahn, wenn diese vorbei sind. Ihre Zahl hält sich durch die Myxomathose, eine Kaninchenseuche, in Grenzen.

Und die Rehe? Siehe allgemeines Verhalten des Wildes auf Flugplätzen. Sie erscheinen nur am Rande.

Was bleibt, ist also die Gefahr von außen durch „Verbandsflieger ohne entsprechende Einweisung“, sprich: Fremdlinge unter den Vögeln. Wenn sie in den Sog der Triebwerke von Großraumjets geraten, endet ihr Leben bereits in der ersten Kompressorstufe, wobei eine Beschädigung der Schaufeln tragischere Folgen haben kann, als der Verlust des eigenen Vogellebens. Selbst Titan hält diesem Aufprall nicht mehr stand.

Und die anderen aus dem Schwarm, die knapp den silbernen Vögeln entgehen, aber, vom Luftdruck herumgewirbelt, verletzt ins Gras stürzen? Die holt der Fuchs vom Dienst. Nach übereinstimmenden Beobachtungen von Zuschauern, Piloten und Passagieren sind zur Zeit gleich sechs „on duty" was von der Forstverwaltung bestätigt wird. Kurz nach dem Mittagsknoten auf Rhein-Main kann man Familie Reineke als Gesundheitspolizei beobachten. Jeder hat sein Revier und sorgt dafür, dass der Flugplatz sauber bleibt.

Leider kann man ihn dafür nicht belohnen, leider nicht zum Mitglied machen in einer der vielen Arbeitsgemeinschaften und Organisationen, die sich weltweit mit dem Problem des Vogelschlags beschäftigen: die Flughafengesellschaften, die Luftwaffe, die Vogelkundler und die Airlines. Alle denken auf ihre Weise über die Verteidigung nach. So bringt die Lufthansa seit 1987 an ihren Flugzeugen Vogelscheuchen an. Die Wartungstechnik malt auf die Abdeckung der Triebwerksachse, den sogenannten Spinner, eine Spirale. In der schnellen Drehbewegung soll diese Schnecke wie das Beute suchende Auge eines riesigen Raubvogels wirken. (Und der Jumbo hat gleich vier!) Noch ist es zu früh, von einem Erfolg zu sprechen, doch die Zusammenstöße mit den gefiederten Kollegen gehen zurück. Gefahr erkannt, Gefahr gebannt. Möge sich der Spruch bewahrheiten.

Bliebe schließlich noch das Rotwild, das gerade in Frankfurt so manchem Piloten das Leben schwer macht. Doch das ist diesmal nicht Sache des Försters, sondern der Trainings- und Check-Kapitäne in den Simulatoren. Im Endanflug auf die Bahn 25L freut man sich noch über die gute Sicht und die vielen weißen Scheinwerfer oder roten Rücklichter der auf der Autobahn vorüberhuschenden Fahrzeuge, da läuft plötzlich von rechts nach links ein ausgewachsener Zwölfender über den Beton und zwingt zu blitzschnellem Handeln. Und das heißt: durchstarten kurz vor dem Touch-down. Für Copilot und Kapitän ein für sie spezifisches Umweltproblem. „Hirsch, damischer."

Tierisches

Wer kennt ihn nicht, den traurig anklagenden Blick eines Drahthaardackels, der am Abfertigungsschalter einer Airline dazu verdonnert wird, während des Fluges Frauchens wasserdichte Tragetasche nicht zu verlassen und bis New York hübsch brav zu sein. Was erlauben sich die Menschen, so könnte der kluge Hund denken, wenn sie für diesen Weg pro Kilo (Tier + Tasche, Körbchen oder Käfig) auch noch acht Mark selbst im USA-Sondertarif verlangen?

Nun, sie erlauben sich dabei nicht viel. Nur ein paar unumgängliche Einschränkungen. Gassi gehen in der Kabine eines Jumbos, auch bei einer Länge von fast 70 Metern, ist nicht drin. Und vor der Tür ist's 50 Grad unter Null. Da muss man sich so manches Mal etwas verkneifen.

Aber, wird Struppi knurren, ich könnte doch mit dem Airdaleterrier so herrlich raufen, den ich im Warteraum der Abflughalle kurz gesehen habe. Wo steckt denn der?

Sorry, pro Fluggastabteil, in der Fachsprache Compartement, ist nur ein Haustier zugelassen, ausnahmsweise auch mal zwei, wenn sie zusammen aufgewachsen sind. So sagt's die Vorschrift bei der Lufthansa zum Beispiel. Bei anderen Gesellschaften ist es ähnlich – falls man in der Kabine überhaupt mitfliegen darf. Frauchen tut gut daran, sich vorher zu erkundigen.

Doch wenn es gar nicht nach Amerika geht, nur so mal schnell nach Rom, in einem Airbus mit nur einer Passagierkabine? Dann steht die Reisetasche vor den Füßen von Frauchen in der ersten Reihe und die des Wunsch- und Raufpartners ganz hinten in der letzten.

Und warum soll ich in dieser engen Tasche bleiben, wo der Sitz vor meiner Nase leer ist?

Struppi, versteh doch, es geht nicht anders. Hundehaare machen Ärger, von wegen Hygiene, Allergien oder so. Du kannst froh sein, dass Du überhaupt hier oben mitreisen darfst.

Die nach Dir kamen, hatten das Nachsehen. Sie sitzen in der Hundehütte tief unten im Keller des Flugzeugs. Das müssen sich Frauchen und Herrchen rechtzeitig überlegen, wenn sie den Flug buchen und Dich anmelden. Denk dran, Du bist ihnen nicht nur lieb, sondern auch teuer, denn Du giltst, auch wenn Du in der Tasche sitzt, so oder so als „Übergepäck“. Für die ganz kleinen Hunde und Katzen gibt es dafür kostenlos Spezialkartons mit dichtem Boden. Sie messen 45 x 22 x 29 Zentimeter. Bequemer erscheint da schon ein Käfig aus kräftigem Plastikmaterial für den Transport in der Kabine, ausgelegt mit einer aufsaugenden Matte. Hier würdest Du auch einen Napf mit Wasser finden – und etwas zum Spielen, das man Dir von daheim mitgegeben hat. Solche »Behausungen« muss man allerdings kaufen, denn die Veterinärmediziner erlauben trotz sorgfältiger Desinfizierung keine Mietkäfige. Vier Größen werden auf den Flughäfen angeboten. Von Struppis Kuschelhäuschen bis zur Spielhalle für den Nero mit stolzen Dimensionen (125 x 75 x 85 Zentimeter). So etwas passt natürlich nicht in die Kabine und wird im Frachtraum mitgeführt.

Solltest Du also unten mal müssen, es geht vorüber, und die Besucher auf allen Flughäfen der Welt können es täglich miterleben, wie Deine Artgenossen vor Wiedersehensfreude Purzelbäume schlagen, wenn sich an der Kofferauslieferung die Käfigtür öffnet.

Gibt es denn auch alleinreisende Tiere, so wie es alleinreisende Kinder gibt? Natürlich gibt es sie, und sie werden betreut wie die „UMs“ (Unaccompanied Minor). Nur werden sie nicht am Abfertigungsschalter abgegeben, sondern im Frachthof bei der Tierstation, versehen mit Frachtbrief, Impfschein und dem tierärztlichen Zeugnis. In diesem Falle sollte der Käfig ein paar Tage vor der Reise gekauft werden, damit sich das Tier an sein neues Zuhause gewöhnen kann. Ein kleines Erinnerungsstückchen aus der alten Umgebung baut Ängste ab, und gegen das Reisefieber sollte der Tierarzt rechtzeitig etwas Beruhigendes geben. Ganz wie bei den Menschen.

Und nun wird Nero verschickt, irgendwo in den Frachträumen, zwischen Kisten und Kasten, wo es keine Luft gibt und es bitter kalt ist.

Nein. Es wird vor dem Flug genau festgelegt, in welchen Frachträumen welche Tiere unter welchen Umweltbedingungen mitgeführt werden dürfen. Die Beladung richtet sich nach der Belüftungsmöglichkeit. Und dann erhält die Besatzung zusammen mit der Ladeliste eine nicht zu übersehende, grünleuchtende Information ins Cockpit, aus der hervorgeht, welche Tiere an Bord sind, wo sie sich befinden und welche Temperatur für die jeweilige Art empfohlen wird. Hunde und Katzen fühlen sich bei 12 bis 20 Grad Celsius am wohlsten, Affen bei 20 bis 22 Grad Celsius und tropische Vögel bei 18 bis 20 Grad Celsius. Bei letzteren sollte das Licht im Frachtraum eingeschaltet bleiben, während Affen im Dunkeln weniger Unsinn machen, und Katzen wie Hunde dann besser schlafen. Nur bei Aalen ist es anders. Im warmen Wasser werden sie quirlig munter und verbrauchen zu viel Sauerstoff. So achtet man darauf, dass die Temperatur der Luft, die ihr Wasserbecken umgibt, 10 Grad Celsius nicht übersteigt. Generell, so heißt es in der Anweisung für die Cockpitcrew, so kühl wie möglich.

Wie hättet ihr's denn gern? Diese Frage verführt zuweilen übereifrige Tierfreunde unter den Betreuern und Verlademannschaften zu Handlungen, die dann voll daneben gehen. Bei Zwischenlandungen sollen die Käfige zwar inspiziert, aber nicht geöffnet werden. Doch was tut ein kenianischer Flughafenarbeiter, der einen heimwehkranken Hund im Frachtraum winseln hört? Er holt ihn raus, er streichelt ihn und führt ihn an die nächste Palme. Dort nahm das Rassetier, das aus Johannesburg kommend dem neuen Besitzer in Frankfurt zugestellt werden sollte, kurzerhand Reißaus. In Nairobi weiß man sich schnell zu helfen: Man fängt eine der am Flugplatzrand herumstreunenden Promenadenmischungen ein, und schon fliegt der Neue als „Stand-by-Hund" weiter. Dem Adressaten war's nicht recht. Wutschnaubend schickte er den Köter retour. Der kam wieder über Nairobi.

Dort hatte der arme Kerl vom Ladepersonal natürlich von dem Wirbel Wind bekommen und, was niemand wusste, die entlaufene Edelzüchtung aufgespürt. Nun tauschte er schnell zurück, als wäre nie etwas gewesen. Züchter und Käufer führten einen monatelangen, postalischen Krieg, weil keiner begriff, was der andere wollte. Beide trafen sich schließlich in Nairobi zum Ortstermin. Unser Freund gestand, und es wurde ihm verziehen.

So kam die Geschichte mir zu Ohren, als ich mit dem Frachter Baby-Elefanten holte. Friedliche und liebebedürftige Passagiere. Sie brauchen zwischen 15 und 18 Grad Celsius, die gleichen Temperaturen, die auch Pferde lieben – die VIPs unter den Tieren. Pfleger begleiten sie und achten darauf, dass Stuten, obwohl in den Boxen getrennt, hinter die Hengste zu stehen kommen.

So pingelig ist man nicht einmal bei Großkatzen. Da brachen einmal – es ist lange her – in einem DC-3-Frachtflugzeug der Sabena halbwüchsige Tiger aus den Kisten aus und standen plötzlich neugierig knurrend in der geöffneten Cockpittür. Hungrig oder technisch interessiert, das war die Frage. Mit einem leichten Vibrato in der Stimme schilderte der Copilot dem Tower in Brüssel die prekäre Lage. Doch was macht ein Fluglotse, der täglich auf dem Weg zum Dienst an den riesigen Reklametafeln einer Erdölgesellschaft vorbeifährt? Er gibt über Funk die warmherzige Empfehlung: „Put the tiger in the tank." Die Maschine landete übrigens wohlbehalten, und Wärter vom Brüsseler Zoo nahmen sich der Ausbrecher an. Unbeschädigt blieb auch die Besatzung.

Was aber wäre gewesen, wenn sich die Raubkatzen bei ihrem Befreiungsversuch selbst verletzt hätten? Das wäre unter „Sachbeschädigung" gefallen, so wie der verschwundene südafrikanische Hund in den Fernschreiben aus Nairobi als „Missing Baggage" gemeldet wurde. In der Tat, das Tier gilt in unseren Gesetzestexten immer noch als „Sache". Ein Begriff, der nachdenklich stimmt. Nicht nur in der Luftfahrt.

Souvenirs, Souvenirs

Souvenirs, Souvenirs,
kommt Ihr Leute, kauft sie ein:
vom Basar im fernen Kairo
den echt nachgemachten Stein.
Aus Bolivien den Sombrero
und aus Bangkok Orchideen,
aus Karachi Kupferkessel
für ein frohes Wiederseh'n.

Bill Ramsey möge mir verzeihen, wenn ich den Text, den ihm der unvergessene Kurt Felz in den fünfziger Jahren schrieb, ein wenig verändert habe. Doch es ändert nichts an der Tatsache, dass Souvenirs ein Muss geblieben sind, will man nicht enttäuschen, sich des Vorwurfs der Herzlosigkeit aussetzen. Die Kinder fragen nicht: „Hast Du was mitgebracht?", sondern: „Was hast Du mitgebracht?" Und die Ehefrau sollte man im Anschluss an das Auspacken zunächst einmal nach den häuslichen Querelen fragen, bevor man mit den Berichten aus der großen, weiten Welt beginnt. Die ranken sich meist um den Erwerb der Mitbringsel und sind oft emotional gefärbt, je nachdem, ob Freude oder Ärger mit im Spiele war. Manchmal auch beides, wobei anzumerken ist, dass bei objektiver Betrachtung und einigen Tagen Abstand das Eingeständnis der eigenen Duseligkeit den Groll überwiegt.

„Mister! Alabaster!" Wieder zupfte mich der kleine Araberjunge, der mir nun schon eine Weile beim Gang durch den tiefen Sand rund um die Pyramiden von Gizeh gefolgt war, ungeduldig am Ärmel. Und wieder sah ich in seiner braunen Hand einen Stein, wie er groß, behauen und poliert als durchscheinende Säule die Moschee auf der Zitadelle schmückt. Schon zweimal hatte ich dafür ein paar Piaster gegeben. Jetzt aber hatte ich ihn erwischt, wie er ein weiteres „Souvenir“ aufhob. Ich wollte ihn ausschimpfen und zum Teufel jagen, als mich zwei dunkle Augen verständnislos anschauten. Es war doch nur ein Spiel, wie es alle Händler im Nahen und im Fernen Osten spielen. Ich verzieh – und habe ihn dann fotografiert.

Hätte er mir einen Skarabäus angeboten, so wäre ich vorsichtiger gewesen, denn die Ausfuhr von echten Antiquitäten ist nur mit Genehmigung des Ministry of Antiquities erlaubt. Dann doch lieber krumm und schiefes, weil mundgeblasenes Muskiglas aus dem quirligen Basar „Khan El Khalili“.

Gold und Silber? Gibt es in Hülle und Fülle. Doch es ist im Preis dem Geschick und der Nationalität des Kaufwilligen unterworfen. Amerikaner zum Beispiel handeln nicht – und zahlen doppelt. Hier liegt man, wenn's möglich ist, in Hongkong weitaus besser. Dort bestimmt der aktuelle Börsenkurs den Wert des Armreifs auf der Waage. Die filigrane Arbeit chinesischer Goldschmiede hingegen bildet die Zugabe für den aufmerksamen Liebhaber. Wie der deutsche Zoll darüber denkt, ist eine andere Frage (Quittung aufheben!).

Unbedenklich für die Einfuhr aus dem Fernen Osten sind dagegen buntleuchtende Sträuße wohlverpackter Orchideen. Und da der untere Stengel jeder einzelnen in einem feuchten Wattesäckchen steckt, ist die Freude bei der daheimgebliebenen Ehefrau/Freundin ungetrübt. Ein vorzügliches Souvenir, um alte Spannungen wieder auszugleichen. (Was ihm den Crew-internen Namen „Drachenfutter“ eintrug.)

Sonst sollte man mit Blumen aller Art sehr vorsichtig sein. Was die einen rauslassen, darf bei den anderen nicht hinein oder umgekehrt. Da zum Beispiel Australien bisher von vielen Seuchen und Krankheiten verschont geblieben ist (Maul- und Klauenseuche, Tollwut und Holzwürmer sind unbekannt), achtet man besonders streng auf die Einhaltung der Quarantänebestimmungen. Weder Pflanzen noch Esswaren, auch nicht in kleinsten Mengen, dürfen eingeführt werden. Und der Zöllner, der meine mit Rosinen angereicherten Kekse im Handgepäck entdeckte, beförderte sie mit der

Frage, ob ich ganz Australien vergiften wolle, angewidert in den Müllcontainer.

Der kernig knackige Apfel aber, den ich aus Sydney mitnahm, erregte bei der Einreise nach Indien den Argwohn des uniformierten Agricultur-Officers. Er untersuchte ihn lange und aufmerksam, während draußen der Monsunregen niederprasselte und den Unrat des letzten halben Jahres aus den Ecken des Flughafenterminals auf die Straße spülte. Ich erhielt ein Zertifikat für dieses suspekte Stück mit der Maßgabe, es alsbald zu verzehren.

Ähnlich hätte es mir in New York ergehen können, wenngleich dort eine, die demokratischen Formen wahrende Diskussion vorausgegangen wäre. Diskutiert hätte ich auch vor einer kostenpflichtigen Verwarnung wegen einer kleinen Verkehrsübertretung im selbstgesteuerten Wagen. Bei »Fremden« lässt doch so mancher Sheriff menschliche Züge erkennen – besonders wenn er im Pass als Herkunftsland »Germany« liest. Seine Reaktion und Sympathie erkennen Sie an den Worten „Frankfurt", „Munich/Hofbrauhaus" oder „Heidelberg/Romantic". Das sind seine „Souvenirs". Doch auch das „Knöllchen" wenn es sich nicht umgehen lässt, kann für uns einen hohen Erinnerungswert haben.

Es erreicht Rekordhöhen, wenn es in Singapur ausgestellt wird. Diese boomende Großstadt am südlichen Zipfel der Malayischen Halbinsel lässt uns im Spiegel seiner Umwelt-Gesetze wie Barbaren erscheinen. Schon das Wegwerfen einer Kippe wird mit 500 SIN$ (500 DM) geahndet. Das gleiche gilt für jede Art von Verschmutzung (Abfälle). Badet man in einem der großen Seen in den öffentlichen Parks, oder lässt man gar seinen Hund dort schwimmen, so sind gleich 1.000 SIN$ fällig. Erinnerungen, die ihren eigenen Wert haben. So auch die Verwarnung für das Überqueren einer Straße außerhalb der dafür vorgesehenen Stellen („Jaywalking"). 50 Dollar sind dann fällig. Lohnende Objekte für das Bildarchiv.

Halten Sie auch einmal, falls es Sie dorthin verschlägt, den Verkehrsablauf an einer Straßenkreuzung im Süden der Vereinigten Staaten mit der Kamera fest. In Arizona beispielsweise, dort, wo gepflegte Wohnwagenkolonien, schnuckelige Städte für Senioren („Sun City") und Indianerreservate einander abwechseln. Richten

Sie Ihren Sucher auf die vier Stopp-Schilder. Wer hat dort Vorfahrt? Derjenige, der von rechts kommt? Mag sein. Meistens aber derjenige, der zuerst an der Kreuzung ist. Um das zu erreichen, kurz mit dem Bleifuß fahren? Aber nicht doch. Wir sind in einem Lande, wo die Sonne scheint, wo man sich Zeit lässt, wo die Uhren anders gehen. Auch an der Kreuzung. Ein kurzes Handzeichen, ein freundliches Kopfnicken, „have a nice time". Ein ideelles Souvenir.

Halten Sie dann bitte im nächsten Village bei den Hopi-Indianern an. Handgefertigter Silberschmuck! Es lohnt sich. Und Sie dürfen ihn mitnehmen. Während die Ausfuhr des antiken Goldschmucks der südamerikanischen Indianer, der Inkas und Azteken, streng verboten ist. Ein alter Spruch sagt dort: „Mit den Bildern gehen die Götter außer Land."

So ähnlich müssen wohl auch Buddhisten denken, denn in Thailand ist die Ausfuhr von Buddha-Figuren untersagt. Das gilt für alle Arten, sowohl für antike, als auch für Nachbildungen. Der Export ist nur dann legal, wenn für jedes einzelne Stück ein Antrag beim Ministry of Fine Arts gestellt wurde und man – nachweislich! – dem buddhistischen Glauben angehört. Bei der Ausreise gibt es sporadische Kontrollen.

Und in Indien mit seinen 80 Prozent Hindus, 12 Prozent Moslems, daneben Christen, Sikhs, Buddhisten und Dschainas? Ist man dort toleranter? Was ist mit den verführerischen, kleinen steinernen Statuen? Sind sie neu, o.k., sind sie aber alt und ohne staatliches Ausfuhrzertifikat, droht Strafe.

So hatte mein Copilot ein kleines, in Zeitungspapier eingewickeltes Etwas im Arm und trug es vorsichtig zur Ausreisekontrolle. Der Zollbeamte blinzelte, mein Cockpitkollege schaute mit gespielter Gleichgültigkeit geradeaus.

Doch der Zollbeamte ließ nicht locker. „What's that?" Öffnen! Was nun folgte, war eine kleine Komödie, in der jeder bewusst anders handelte, als er dachte, aber hoffte, dass der andere darauf hereinfiele. Eine Figur kam zum Vorschein. In Stein gehauenes Kamasutra. Eine liebevolle Szene. Beate Uhse würde erröten. Unsere weiblichen Flugbegleiter schauten diskret zur Seite. Das war Männersache. Ob es alt sei, wollte man wissen.

Der Co, überzeugt, dass es antik war, denn schließlich hatte er dafür tief in die Tasche greifen müssen, behauptete mit gut gespielter Überzeugung, es sei neu. Im Chor-Bazaar für ein paar Rupien erstanden. Der Zöllner, überzeugt, dass man den Fremden über's Ohr gehauen hatte, fragte nach der Quittung.

Der Co, sein Schnäppchen verteidigend, bedauerte, die Quittung verloren zu haben und nannte die Hälfte des nach seiner Ansicht clever heruntergehandelten, unglaublich günstigen Preises.

Der Zöllner, überzeugt, dass man für diesen Preis Antikes nicht bekomme, betrachtete die beiden in Liebe verschlungenen Gestalten – und schmunzelte.

Das Alter hatte die Figuren mit seiner Patina überzogen. Ich wahrte Haltung und schlug mich auf die Seite meines 1. Offiziers, denn schließlich hatte ich als Dienstvorgesetzter die Aufsichtspflicht. Der Stein war alt, bestimmt uralt, doch auch ich verschanzte mich hinter meiner Unkenntnis und vermutete, dass er höchstens zehn Jahre alt sein könne.

Statt einen Kunstexperten hinzuzubitten, holte der Zöllner ein Hämmerchen, schlug damit dem Männlein, dessen rechtes Bein irgendwo aus dem Knäuel hervorlugte, kurz und hart auf den Fuß, ein Zeh brach ab -, und unerwartet wurden die Achtziger Jahre des 20. Jahrhunderts für uns sichtbar. Ein frischer Stein, pardon: Beton, perfekt gealtert. Freude und Enttäuschung wechselten die Gesichter.

Mit spitzen Fingern drückte der Zöllner den Zeh dem von Bombay Enttäuschten mitleidig in die Hand. Sekundenkleber würde den Frevel bald vergessen machen.

Welche Version der Geschichte daheim die Runde machte, ist nicht bekannt. In der Kunstbetrachtung kommt es nicht nur auf die eigene Überzeugung, sondern auch auf die Überzeugungskraft an. Und das nicht nur in Bombay.

Hier fielen unsere Damen oftmals auf die Nase, denn im Rahmen des Washingtoner Artenschutzabkommens ist die Ausfuhr von Pelzen, Reptil- und Schlangenleder und Produkten daraus generell verboten. Einzelteile werden schon toleriert.

Ob der Zoll in Frankfurt auch schon mal die Augen zudrückt? Mehr als 1700 Tierarten sind gefährdet, mehr als 30 000 Pflanzenarten. Bringen Sie kein Leopardenfell mit nach Hause, kein Elfenbein, kein Schildpatt und keine präparierten Waren. Lassen Sie die Kakteen stehen, wo sie sind.

Und lebende Tiere? Papageien auf den Straßen Pakistans, deren Dasein in Minikäfigen einem das Herz zerreißt? Dennoch, kaufen Sie nicht. Die Zeiten, in denen der Hamburger Hafenbeamte dem heimkehrenden Seemann offen legte, dass ein lebender Kakadu den doppelten Zoll eines ausgestopften koste, worauf der Papagei den Angstschrei: „Hein, mach kein' Scheiß" ausgestoßen haben soll, diese Zeiten der Nachsicht sind vorbei.

Schauen Sie im Zweifelsfalle in die Informationsschrift, die im Rhein-Mainport bei der Ankunft ausliegt. Ihr Titel? Wie gehabt: „Souvenirs, Souvenirs."

Fliegen damals und heute

Auch die Kleinen haben Freude

Wer als Passagier von London nach Frankfurt fliegt, der sollte sich, auch wenn die Reise schon zur Geschäftsroutine gehört, um einen Fensterplatz bemühen, möglichst links, also an der Backbordseite – falls jemandem die seemännische Bezeichnung vertrauter ist -, jedenfalls dort, wo er während eines Nachtfluges durch die Wolken den Widerschein des Positionslichtes an der Trageflächenspitze rot aufflammen sieht.

In weitem Bogen strahlt dieses Licht, und dennoch scharf begrenzt: von 0 Grad vorn bis 110 Grad linksherum, wo es dann vom weißen Hecklicht abgelöst wird.

Das Gleiche in Grün auf der rechten Seite. Nimmt man nun die Blitze an den Flügelenden, die aufzuckenden, roten Warnlichter über und unter dem Rumpf, die von zwei Lampen angestrahlten Firmenembleme am Seitenleitwerk und die hellerleuchteten Kabinenfenster hinzu, so gleicht unser Flugzeug einem fliegenden Christbaum, nicht zu übersehen – und das ist der Zweck der Illumination.

Interessanter aber ist es, wenn der Passagier die Startzeit wählt, zu der nur die Blitz- und die Warnlichter eingeschaltet werden, denn bei Tag gibt es auf dieser Strecke einiges zu beobachten. Warum der Fluggast dabei die linke Seite bevorzugen sollte, ist eine rein subjektive Empfehlung. Meist gibt der Kapitän die Informationen, er beschreibt und kommentiert die Landschaft und das Geschehen, und sein Platz ist nun einmal links und zudem ganz vorn.

Wir schreiben diesmal Freitag, den 6. Dezember 1968. Unsere Flugnummer lautet LH 221, die Boeing 727 trägt das Kennzeichen D-ABIV. Der Start in London-Heathrow erfolgt um 09.55 GMT (Greenwich Mean Time).

Das erste Mal melde ich mich, wenn wir bereits auf Ostkurs die Themse links unter uns sehen, während unser Weg direkt auf Dover zuführt, das ich zwar erwähne, aber nicht zu erklären brauche. Die schäumende Gischt der Luftkissenfähre, die gerade die Kreidefelsen hinter sich gelassen hat, wäre allerdings noch eines Hinweises wert.

Der Kanal liegt unter uns. Wann auch immer man ihn überfliegt, es wimmelt von Schiffen. Die Peripherie des engmaschigen, europäischen Verkehrsnetzes ist erreicht. Für den mit ihm nicht vertrauten Beobachter fast beängstigend. Das Wetter in dieser Region ist ohne Probleme: blauer Himmel, leichter Ostwind, ein winterliches Hochdruckgebiet. Die Luft ist leicht diesig, aber sie lässt dennoch den Blick frei auf die Küste des europäischen Festlandes, auf das belgische Ostende und das etwas südlicher gelegene, französische Dünkirchen.

Ein heller Sandstreifen schimmert durch, auf dem im Sommer die Perlenschnüre der aufgereihten Strandkörbe zu erkennen sind, selbst aus einer Höhe von 10 000 Metern.

Wir befinden uns auf der Luftstraße „Grün 1", die, von Irland kommend, London kreuzt und quer über Mitteleuropa nach Wien und weiter in den Osten führt. Eine Rennstrecke für den zurückflutenden Transatlantikverkehr – falls hier noch Platz ist ,und die Flugsicherung der Bitte des Piloten um Einordnung in die horizontale und vertikale Staffelung entsprechen kann. Sonst heißt es „Umleitung", genau wie am Boden – nein, besser. Es gibt keine Ampeln, es gibt keinen „stehenden Verkehr".

Der Verkehr fließt als Ergebnis eines dauernden Kompromisses, an dem alle Beteiligten, ob im Flugzeug oder in den Kontroll- und Leitstellen am Boden, ununterbrochen arbeiten. Oh, würde mir, dem armen Autofahrer, nach jahrelangen Beobachtungen eines Engpasses in der täglichen Rush-hour die Polizei doch einmal ihr Ohr für eine sichtbar gewordene Alternativlösung schenken. Auch hier oben gibt's Straßen, auch hier oben sind Kreuzungen, vor uns liegt ein Gewirr von Knotenpunkten, so als lägen Schnittmusterbogen der gleichen Ausgabe mit festgelegten Abständen fein säuberlich übereinander. Und dennoch: für jeden ist hier Platz – sofern er seinen Flugplan anmeldet, sich einreiht und in einer vorgegebenen Höhe mit der gleichen Geschwindigkeit fliegt, wie alle anderen Luftraumnutzer auch.

Links unter uns liegt das flandrische Gent, voraus, unter einer Glocke von Dunst, Staub und industriellen Abgasen, Belgiens Hauptstadt Brüssel. Das Atomium, Wahrzeichen der Weltausstellung von 1958, glänzt trotz der Lufttrübung in der Mittagssonne.

Das Straßennetz wird enger. Nach Norden ins Holländische führen zahllose Brücken über Flüsse und Kanäle. Bei Nacht wird besonders deutlich, wie dicht besiedelt, wie beängstigend eng unser armes Mitteleuropa ist. Licht an Licht, die Dörfer, die Städte markierend, oft in schreiendem, kaltem Neonweiß. Beruhigend bernsteinfarben die Beleuchtung der belgischen Landstraßen, der Autobahnen, so, als würden ein paar Kilometer der optischen Besänftigung notwendig sein, bevor Auge und Hirn in der Überfülle der Ge- und Verbote wieder sekundenschnelle Prioritäten setzen müssen.

Der Himmel darüber ist offen, doch er ist nicht frei. Andere Flugzeuge kreuzen unseren Weg, mal über, mal unter uns. Tief über den Wäldern bei Lüttich beobachte ich einen Sportflieger, der sich an der Autobahn nach Köln orientiert. Er hat allerdings den Vorteil, an der aus der Luft gut zu erkennenden Zollstation, die bei Aachen die belgisch-deutsche Grenze markiert, nicht anhalten zu müssen. Ein Vorflieger europäischer Einigung?

Ach, auch auf ihn warten nach der Landung bohrende Fragen, ob er, EG hin, EG her, nicht doch etwas preiswert Eingekauftes anzumelden habe.

Hoch über uns die verschlungenen Kondensstreifen sich jagender Militärmaschinen, denn der Himmel muss auch noch Raum geben für die Luftverteidigung der dafür zuständigen NATO-Staaten.

Ein dreidimensionales Mosaik.

Die Eifel kommt in Sicht. Doch der Blick auf die Maare, Zeugen einer vulkanischen Vergangenheit, wird abrupt unterbrochen durch eine aufziehende niedrige Stratusdecke. Es sind hochnebelartige Schichtwolken, soweit das Auge in Flugrichtung reicht. Doch das ändert nichts an unserem Flugweg, der ohnehin nach den Regeln der Planung für schlechtes Wetter verläuft.

Wir haben inzwischen unsere Reiseflughöhe von 33 000 Fuß, das entspricht rund 10 000 Meter, verlassen, werden von der Leitstelle

Maastricht an Rhein-Control mit Sitz in Karlsruhe übergeben und dann ungewöhnlich schnell an die Luftverkehrslotsen in Frankfurt weitergereicht, die uns denn auch unmissverständlich auffordern, die Geschwindigkeit drastisch zu reduzieren.

Stau auf Luftstraße „Grün 1". Ein „liegengebliebener" Jumbo?

Wohl kaum.

Irgend etwas weicht da von Routineanweisungen ab. Wir bestätigen kurz den Empfang der Anweisung, handeln entsprechend und bohren das zweite, sonst hochgeklappte Röhrchen unseres superleichten Kopfhörers ins andere Ohr. Die Frankfurter Leitstelle unterbricht unseren Sinkflug, hält uns in 11 000 Fuß und konzentriert sich auf eine Maschine, die nach der Kennung kein Airliner sein kann.

„Delta-India-Kilo-Uniform-Bravo. Do you read?"

D-IKUB (so lautet das Registrierzeichen des angesprochenen Luftfahrzeuges) hört Ihr uns? Falls Ihr uns versteht, sofort 30 Grad Kurskorrektur nach links. „Turn 30 degrees to the left immediately!"

Eine kleinere Reisemaschine hat offenbar Funkausfall. Vielleicht ist nur der Sender betroffen. Da aber der Flugzeugführer den Anweisungen des Radarlotsen nicht folgt, so besteht begründeter Verdacht, dass auch der Empfänger streikt.

Und das in einem Gebiet größter Verkehrsdichte. Wir stehen kurz vor „Nattenheim", einem Navigationsleitsender, wenige Kilometer nördlich von Bitburg.

Hier treffen mehrere Luftstraßen zusammen und vereinigen sich zu einem Bündel, das exakt nach Osten führt. Zum Airway „Grün 1" kommt „Rot 10". Ein Nadelöhr über der Eifel, über der großen Moselschleife bei Traben-Trarbach, über dem Hunsrück bis hinunter nach Rüdesheim zum Einkurven auf den Rhein-Main-Flughafen.

Auf diesem Streckenabschnitt zur Stunde der größten Verkehrsdichte hängt einer, der über Funk nicht mehr zu erreichen ist, der obendrein noch die Orientierung verloren hat. Der Luftverkehr um die Mittagszeit droht zum Erliegen zu kommen. Der Luftraum muss für den in Not geratenen frei gehalten werden. Verzögerungen nicht nur für die eintreffenden, sondern auch für die nach Westen abfliegenden Maschinen. Zwischen dem Hunsrück und der Pfalz gilt nämlich Einbahnverkehr, und die Doppelluftstraße „G1 Süd/R10 Süd" über die Funkfeuer Nierstein und Kirn liegt nur 20 Kilometer rechts von uns. Und da drüben droht ein Geisterpilot gegen den Strom zu fliegen.

Die Lage spitzt sich zu.

„All aircraft on airway Green One!" An alle Flugzeuge zwischen Nattenheim und Rüdesheim! „Ausschau halten nach zweimotoriger Maschine in Luftnot, vermutlich in 9000 Fuß. Letzte identifizierte Position südlich Ihres Kurses. Over."

An alle Maschinen. Und es sind nicht wenige, die unter Radarkontrolle mit kurzen Abständen ostwärts fliegen, vervielfacht durch die Höhenstaffelung. Die Augen der angesprochenen Cockpitbesatzungen suchen den Horizont ab.

Mein Flugingenieur, Herr Wolf, tippt mir auf die Schulter und zeigt nach vorn rechts. Er hat die „D-IKUB" entdeckt. Co-Pilot Abend verständigt die Flugsicherung, wir bieten Hilfe an.

„Verstanden, Lufthansa 221, nehmen Sie Kurs auf die in Luftnot befindliche Maschine, frei zum Sinkflug, versuchen Sie sich verständlich zu machen."

„O.K., wir werden es versuchen. Lufthansa 221."

Zwar habe ich seit 1945 keinen Verbandsflug mehr geübt, aber das ist das kleinere Problem. Ich steuere ein Verkehrsflugzeug mit Passagieren und keinen Abfangjäger. Die erste Maßnahme ist, die Fluggäste und die Kabinenbesatzung kurz, aber dennoch der Situation entsprechend umfassend zu informieren.

Mit den Tragflächen wackeln? Entfällt.

Das Fahrwerk ausfahren als Zeichen, uns bis zur Landung zu folgen? Das lassen wir mal bis später. Bleibt also nur die Möglichkeit, auf Grußweite heranzugehen, um den Piloten unser Hilfsvorhaben klarzumachen.

Was nie diskutiert, geschweige denn trainiert wurde, gelingt auf Anhieb.

Wir schieben uns an den angeschlagenen Kollegen heran. Viel zu schnell. Gas raus. Der Abstand verringert sich. Immer noch zu schnell. Vorflügel ausfahren. Die Geschwindigkeiten beginnen sich anzugleichen.

Noch bin ich quer hinter ihm, taste mich langsam seitwärts an ihn heran.

In diesem Moment muss der Pilot den Schatten des großen Bruders gesehen haben. Ob er erschrak? Ich weiß es nicht. Bei mir jedenfalls wäre der Schreck der Erleichterung vorausgegangen.

Ich halte die rechte Hand am Kursknopf des Autopiloten, Wolf regelt mit den Gashebeln die Geschwindigkeit, während Co-Pilot Abend mit wenigen Zeichen dem Kleinen neben uns klarzumachen versucht, was wir mit ihm vorhaben. Ich sehe, wie er nickt und den Daumen hochhält. Ich glaube sogar, so etwas wie Entspannung aus seiner Körperhaltung ablesen zu können. Der Rest ist schnell berichtet. Die Hilfsaktion läuft ab, als sei sie in aller Akribie bereits dutzende Male im Simulator durchgespielt worden. Ich setze mich vorsichtig vor die Propellermaschine. Unter Radarführung kommen wir wieder auf die Mitte der Luftstraße zurück. Der Luftraum ist frei für das ungleiche Gespann. Unser Problem ist nur, dem Partner nicht davonzujetten. Doch auch hier helfen die Kollegen der Anflugkontrolle am Boden. Sie koordinieren den Bewegungsablauf der leuchtenden Punkte auf ihren Radarschirmen, wobei der erste Punkt die Kennung „LH 221" wie ein Schlepptau hinter sich herzieht. Die Anzeigennadel des automatischen Peilers, der auf das nächste Funkfeuer gerichtet ist, dreht sich um 180 Grad. Wir haben Rüdesheim passiert. Die Wetterwarte in Frankfurt meldet leichten Ostwind, der einen Direktanflug auf die Landebahn 07 ohne Verzögerung möglich macht.

Wolkenuntergrenze: 800 Fuß = 240 Meter. Die Anflugkontrolle bestätigt noch einmal, dass mein Partner mir dicht auf den Fersen ist. Äußerst wichtig, denn wenn ich jetzt in die Wolken eintauche, darf er mich, auch wenn ich für ihn nur noch ein Schatten bin, nicht aus den Augen verlieren. Letzte Kurskorrektur.

Wir haben das ILS, das Instrumentenlandesystem, in 3000 Fuß erreicht. Die Zeiger für die Landebahnrichtung und den Gleitpfad kreuzen sich sauber in der Mitte über dem künstlichen Horizont.

Das blaue Licht des Outermarkers, des Voreinflugzeichens, leuchtet auf, im Kopfhörer ertönt dazu ein beruhigender 400 Hz-Ton. Fahrwerk raus – aber nur als optisches Signal für meinen „Nachfolger", denn eine Verbandslandung ist unter diesen Umständen nicht möglich. Aber auch das habe ich meinen Passagieren vorher angekündigt.

Die Wolken werden lichter – die Landebahn des Frankfurter Flughafens liegt vor uns. Unser beider Ziel, auch wenn es für mich nicht unmittelbar zu erreichen ist.

Mein Kommando heißt: Durchstarten – Schub erhöhen – Landeklappen zurück auf Startstellung – Fahrwerk ein.

Unter Führung der Kollegen auf dem Kontrollturm fliegen wir eine etwas erweiterte Platzrunde. Landezeit der LH 221: 11.53 MEZ (12.53 Ortszeit).

Ein kurzer Bericht an die Flugbetriebsdirektion, der Flight-Report, beendet diesen Linieneinsatz mit eingelagertem Formationsflug.

Es folgt in der Logik des Ablaufs der Gang zum Tower, um die Hintergründe dieses Zwischenfalls zu erfahren, um Schlüsse daraus zu ziehen für künftige, ähnlich gelagerte Fälle, eine Lehre mitzunehmen für das eigene Verhalten als Helfer, Erfahrungen zu sammeln, aus denen man schöpfen kann, falls man selbst einmal in Luftnot gerät, denn gelehrte Theorien und angewandte Praxis können unter dem Zwang der jeweiligen Lage doch erheblich voneinander abweichen.

Nichts von alledem. „a/c change" steht im persönlichen Einsatzroster, d.h. Flugzeugwechsel aus wartungstechnischen Gründen. Die Cabincrew, die Damen vom Service wechseln ebenfalls, doch nicht mit mir, ja selbst der Co-Pilot hat einen anderen Umlauf, so dass mir nur mein Flugingenieur treu bleibt.

Nach den „Legs", den Teilstücken an diesem Tag, der um 06.20 Uhr in München begann und uns über Köln nach London führte und von London nach Frankfurt, gilt es jetzt noch Düsseldorf und zurück zu bedienen. Mir bleiben zwei Stunden, die durch die eingehandelte Verspätung bereits angeknabbert sind. In diese Spanne fallen Flugvorbereitung, das Briefing, die Überwachung der Betankung, die technische Abnahme des frisch aus der Werft bereitgestellten, neuen Flugzeugs und, als persönliche Stärkung, ein paar Kekse, ein Apfel und viel Kaffee. Der Start ist mit 14.15 Uhr im Flugplan angegeben. Für einen Besuch bei der Flugsicherung bleibt keine Zeit, nicht einmal für ein längeres Telefongespräch. Noch laufe ein kurzzeitig anberaumtes „Hearing", heißt es, doch der Pilot würde sich zweifellos mit mir in Verbindung setzen. Nach der Rückkehr aus Düsseldorf, die um 17.38 Uhr erfolgt, warten Wolf und ich vergeblich auf eine Information des Havaristen. Selbst in den nächsten Wochen tut sich nichts.

Auch die Kleinen haben Freunde.

Und die Großen???

Ein Echo kam, doch von einer anderen Seite als erwartet. Im Januar erhielt die Deutsche Lufthansa ein Dankschreiben des Präsidenten der Bundesanstalt für Flugsicherung.

Flucht nach vorn

Es fing ganz harmlos an.

In Frankfurt herrschte das übliche deutsche Novemberwetter. „Neblig trüb" hatte Herr Walch, der Meteorologe des ZDF, am Vorabend prophezeit. Aber er hatte untertrieben. Als wir die Vorbereitungen für den Flug LH 560 nach Lagos trafen, war das Wetter nahe am Minimum. Die Wolkenuntergrenze lag bei 200 Fuß. Sicht: 700 Meter. Tendenz: Verschlechterung. Noch gingen die Tauben nicht zu Fuß, aber es war Zeit, den Rhein-Main-Flughafen zu verlassen, bevor er für den Flugbetrieb – vielleicht für Stunden an diesem Nachmittag – geschlossen würde.

Ich vergaß zu sagen, dass es sich um den zweiten Start handelte. Um den zweiten Versuch, 212 Passagiere, 22 davon in der Ersten Klasse, nach Nigeria zu befördern. Die erste Maschine war pünktlich gestartet, hatte aber wegen eines technischen Defektes umkehren müssen, sie steht nun in der Werft, wo sie repariert wird. Die erste Besatzung war nach Hause geschickt worden. Mit der Zeit für die Umkehr, mit der Wartezeit in Frankfurt und dem anschließenden Flug nach Lagos wäre die Crew weit über die zulässige Dienstzeit gekommen. Und deshalb waren wir, die Stand-by-Besatzung, alarmiert worden.

Es musste dann alles recht schnell gehen, Flug LH 560 hatte sich nämlich über Funk bei der Einsatzleitung der Lufthansa gemeldet und das Übel sowie die voraussichtliche Ankunftszeit in Frankfurt mitgeteilt. Noch ehe die Kollegen wieder auf heimischem Boden aufsetzten, klingelte bei mir das Telefon. Ab zum Flughafen. Und knapp eine Stunde nach dem Anruf begann unsere Einsatzbesprechung vor Ort. Im Dienstplan stand für diesen Tag ein schlichtes „SB" für

„stand-by". Jeder von uns hatte gehofft, ungeschoren davonzukommen. Jetzt hatte es uns alle erwischt.

Das Deckblatt der Papiere, die der Dispatcher vor mir ausbreitet, weist die Eintragung auf:

„Flight 560 FRA-LOS returned to FRA because of engine failure. New ETD will be half an hour after entering the cockpit."

FRA ist das Kürzel für Frankfurt, LOS für Lagos. ETD heißt „estimated time of departure", und das Ganze bedeutete, dass der Flug LH 560 nach Lagos wegen eines Triebwerkschadens abgebrochen wurde. Die Maschine kehrte nach Frankfurt zurück. Etwa dreißig Minuten, nachdem wir das Cockpit betreten würden, könnte unser Start erfolgen. Der Dispatcher, zu deutsch Flugdienstberater, stimmt in einem solchen Fall die voraussichtliche Startzeit mit dem Flugkapitän ab. In die Planung werden alle Umstände einbezogen, die für die Flugvorbereitung von Bedeutung sein könnten. Oberster Grundsatz: „Don't rush!" Nichts übereilen! Sicherheit geht über alles.

Ich lasse mir den elektronisch errechneten Flugplan geben, er weist eine Flugzeit von sechs Stunden aus, bei einem Kraftstoffverbrauch von 54 198 kg. Unter Zurechnung der Sicherheitsreserven und der Treibstoffmenge, die zum Anflug des Ausweichhafens Accra in Ghana notwendig wäre, ergibt das eine zu tankende Mindestmenge von 71 Tonnen. Gerne würde ich sicherheitshalber noch ein paar Tonnen mehr mitnehmen. Aber da gibt es Probleme. Nicht beim Start, da wären 254 Tonnen Abfluggewicht noch ohne weiteres zu verkraften. Bis Lagos aber müsste ich soviel Kerosin verbraucht haben, dass ich unter das höchstzulässige Landegewicht von 183 Tonnen komme. Ich rechne hin und her, aber das Ergebnis ist immer das gleiche: ich kann keinen Extrasprit mitnehmen. Und das ist, aus der Sicht eines Flugkapitäns, ein gewichtiger Nachteil, es schränkt seinen Handlungsspielraum ein.

Ein weiteres Problem ist das Wetter, nach dem Verlassen von Frankfurt. „Central Europe at or below CAT I minima," steht auf der Meldung, die mir der Flugdienstberater gibt. Unter Betriebsstufe I, d. h. die Wolken hängen tiefer als 60 m, und damit sind die Flughäfen als Notlandeplätze nicht mehr zu gebrauchen. Wenn der Vogel erst einmal in der Luft ist, kann ich Mitteleuropa vergessen. Bleiben Südfrankreich, Norditalien und Spanien, dort ist das Wetter „durchwachsen". Erst südlich von Korsika wird's gut. Aber diese Durststrecke wäre im Ernstfall zu weit. Wenn mir beim Start in Frankfurt ein Triebwerk ausfällt ... Ich brauche einen sicheren Ausweichflughafen, bevor ich überhaupt starten kann!

„Skandinavien", meint unser Flugdienstberater. „Kopenhagen." Und er hat recht. Bei den herrschenden Wetterverhältnissen ist Kopenhagen der nächste Notlandeplatz. Und das bei einem Flug nach Afrika! Eine groteske Situation. Die Vorbereitungen zum Start laufen auf vollen Touren. Eine minutiöse, technische Überprüfung des Flugzeugs wird durchgeführt. Wir sitzen im Cockpit und gehen die Checkliste durch. Ca. 60 Positionen werden überprüft.

Alles im Griff, denke ich.

Start auf der Bahn 25 R in Frankfurt. Abflugroute DF 8. Kurs Heidelberg, Zürich, Bern. Flughöhenwechsel nach Abstimmung mit vielen, allzu vielen Flugsicherungsstellen.

Wir haben eine Höhe von 24 000 Fuß erreicht. Die Grenze des unteren Luftraums. Unsere Position? Eigentlich müssten wir unten links den Schwarzwald sehen. Aber wir sehen nur eine geschlossene, grauweiße Masse, in die sich die Nase unseres Flugzeugs bohrt.

Kurz hinter dem Funkfeuer Trasadingen lässt man uns auf Flugfläche 330 = 10 000 Meter steigen. Und da passiert's! Der Flugingenieur meldet Probleme mit der Ölversorgung von Triebwerk Nummer 2. Eine Leitung scheint gerissen oder geplatzt zu sein, die Vorratsanzeige geht rapide zurück. Ruhe bewahren! Zuerst mal das Triebwerk abstellen. Wir gehen streng nach Checkliste vor, genau genommen nach der „DO-List". Im Gegensatz zur Checkliste, mit deren Hilfe das schon Getane überprüft wird, bedeutet die „DO-List" eine Aufforderung zum Handeln. Es ist der Flugingenieur im Cockpit, der diese Liste laut vorliest. Derjenige, in dessen Aufgabenbereich die entsprechende Handlung fällt, muss das Gehörte laut wiederholen und dann das Notwendige tun. Ein eingespieltes Ritual, das sich in zahlreichen Gefahrensituationen bewährt hat.

Das Wichtigste aber: einer fliegt – und konzentriert alle seine Sinne darauf, das Flugzeug sicher in der Luft zu halten.

Das Ziel der LH 560 heißt allerdings nicht mehr Lagos. Nachdem wir nur noch zwei Triebwerke haben, ist das ferne Flugziel illusorisch geworden. Wo wir landen werden? Wir sind inzwischen soweit südlich, dass Kopenhagen nicht mehr in Frage kommt. In Mitteleuropa geht nichts mehr. Wir werden weiter Richtung Süden fliegen. Uns bleibt jetzt nur noch die Flucht nach vorn.

So merkwürdig sich das für den Laien anhört: ein Flugzeug, das einen Triebwerkschaden hat, ist deshalb noch keineswegs in Luftnot. Es ist in einer abnormalen Lage, die unter Kontrolle zu halten ist. Das einzige, was wir vom Boden verlangen, ist die Zuweisung einer geringeren Flughöhe. Wir haben ein Drittel unserer Schubkraft verloren, so dass wir die Höhe von 10 000 Metern nicht mehr halten können.

Wo landen? Wir hören die Wettermeldungen ab. In Nizza scheint sich eine Möglichkeit anzubieten. Da schrillt die Feuerwarnung. Das Warnlicht für das linke Triebwerk leuchtet auf. Und das bedeutet ganz schlicht, dass wir auch Triebwerk Nr. 1 abstellen müssen. Die Leitungen für Kraftstoff, Öl, Hydraulik, Pneumatik und Klimaanlage werden unterbrochen. Die Feuerlöschanlage zeigt ihre Wirkung schon nach wenigen Sekunden, das rote Licht verlöscht.

Trotzdem: unsere Lage ist kritisch geworden. Viel können wir in dieser Situation nicht tun. Es gab in der Verkehrsluftfahrt vor Jahrzehnten Flugzeuge, bei denen man einiges in der Luft reparieren konnte. Das ist vorbei. Wir können nur von einem System auf ein anderes, intaktes, umschalten, wir können durch die Aktivierung von Reservesystemen die Folgen von Pannen in gewissen Grenzen halten.

Das erste, was wir nach draußen geben, ist ein Funkspruch an die Flugsicherung. „Geneva control, Lufthansa 560 is in emergency. We lost two engines and we have to descend."

Zwei Triebwerke sind ausgefallen, wir müssen landen. Lufthansa 560 ist in Luftnot. Unser Notruf verfehlt nicht seine Wirkung. Genf führt uns unter Radarkontrolle zunächst aus der Luftstraße heraus, damit wir Höhe aufgeben können, ohne die unter uns operierenden Flugzeuge zu gefährden oder durch sie gefährdet zu werden. Allerdings, mit dem Sinkflug müssen wir vorsichtig sein. Wir befinden uns im Gebiet des Montblanc, die Mindestsicherheitshöhe hier beträgt laut Karte 17 900 Fuß, das sind 5450 Meter. Wir müssen über 5450 Meter bleiben.

In einer solchen Situation zahlt es sich aus, dass die Besatzungen das „procedure", das Verfahren, das bei der Vorbereitung einer Notlandung zu beachten ist, immer wieder eingedrillt bekommen. Immer wieder wird ihnen die Aufgabenteilung im Cockpit eingehämmert, so dass es bei der Koordination keine Pannen gibt. Und so kommt es, dass wir ruhig und konzentriert die Vorkehrungen für die Notlandung von Lufthansa 560 treffen. Ich habe die fliegerische und navigatorische Führung dem Co-Piloten übergeben. Ich bitte ihn, auch den Funksprechverkehr zu übernehmen. So kann ich mich jetzt dem Flugingenieur zuwenden, der seitlich hinter dem Co-Piloten sitzt. Wir sprechen die für den Notfall vorgesehenen Verfahren durch, wir benutzen dazu eine besondere Anweisungsliste, die eben angesprochene „DO-List". Größtes Problem: wir sind zu schwer. Also raus mit dem Sprit aus den Notablassrohren am Ende der Tragflächen! Alles raus, bis auf eine Reserve von 45 Tonnen. Ein Blick in die Tabellen gibt uns Aufschluss über die „drift down speed", die günstigste, vom Gewicht abhängige Geschwindigkeit für den gestreckten Gleitflug. Zunächst einmal werden wir mit 270 Knoten = 500 km/h weiterfliegen. Das einzige noch funktionierende Triebwerk, das auf der rechten Seite, wird mit maximaler Dauerleistung gefahren. Immer noch steht nicht fest, wo wir die Notlandung durchfuhren können. Der Strohhalm Nizza ist zerbrochen, „Nice" – sonst wettermäßig der zuverlässigste Flughafen Europas – ist inzwischen dicht.

Da ruft uns die französische Flugsicherung, die unsere Betreuung übernommen hat, sie teilt uns mit, dass das Wetter in Rom besser geworden ist. Airport Fiumicino also.

Ich atme auf. Ich gebe die Position dieses Notlandeplatzes nach Länge und Breite in den Navigationscomputer ein. Er legt bei seinen Berechnungen unsere augenblickliche Geschwindigkeit zugrunde und kommt auf 1 Stunde und 10 Minuten Flugzeit. Es kommen 10 Minuten für den Landeanflug hinzu, so ergeben sich 01:20 Stunden bis zur Landung.

LH 560 hat wieder ein Ziel. LH 560 hat eine exakte Flugzeit bis zur Landung. Und der Pilot von LH 560 hat das beruhigende Gefühl, dass die Lage wieder überschaubar ist. Ich drehe meinem Co-Piloten das Funkfeuer Elba ein. Nur als Information, denn wir brauchen es nicht zu überfliegen. Inzwischen haben sich die französische und die italienische Radarkontrolle untereinander abgestimmt, unsere Freigabe durch alle Höhen lautet: direkt nach Rom. Die DC-10 hält sauber die vorgewählte Geschwindigkeit. Wir sind zum Motorsegler geworden. In einer guten Stunde werden wir am Boden sein. Die Sinkrate allerdings ist zu gering, wir müssen den Winkel vergrößern. Was zugleich bedeutet, dass wir das Gas an unserem einzigen Motor – er arbeitet immer noch mit höchster Dauerleistung – ein wenig drosseln können. Und dann gleiten wir unserem Notlandeplatz Fiumicino entgegen. Das Optimum der Flugleistung ist erreicht: geringster Widerstand bei höchstem Auftrieb.

Während der Flugingenieur weiter Kraftstoff ablässt, um das Gewicht zu verringern, klingele ich nach dem Purser. Der meldet sich und sagt, wir sollen uns im Cockpit, was das Essen angeht, noch ein wenig gedulden, man sei „voll im Service". Die Flugbegleiter haben von dem Ausfall der Triebwerke nichts mitbekommen. Durch den Flug inmitten dichter Wolken fehlen alle Anhaltspunkte, was die Kursänderung angeht. Und da in Luftnot alle Beschleunigungen und Verzögerungen mit besonderem fliegerischen Feingefühl durchgeführt werden, da sich bei einem Düsenflugzeug die Schaufelräder der stillgelegten Turbinen wie Windmühlen weiterdrehen, ist auch den Menschen in der Kabine das Ungewöhnliche unserer Situation nicht aufgefallen.

Notlandung. Mit ruhigen, sehr behutsamen Worten, teile ich meinen Fluggästen mit, dass wir nicht nach Lagos fliegen, sondern eine technische Zwischenlandung in Rom vornehmen werden. Ich bitte sie, sich für den Rest des Fluges anzuschnallen.

Während ich meinen Co-Piloten und den Kurs, den er fliegt, beobachte, informiere ich die Verkehrszentrale der Lufthansa in Frankfurt über die Kurzwelle. Ich schildere unsere Situation und kündige die bevorstehende Landung in Fiumicino an. Frankfurt sagt nur ein einziges Wort: „Roger". Verstanden. Es folgt dann noch der knappe Hinweis, dass man von Frankfurt aus die Lufthansastation Rom und die Alitalia, unseren technischen Partner, in Kenntnis setzen werde.

Wir passieren das Funkfeuer Boisena. Noch 10 Minuten bis zur Landung. „Approach check," die Prüfliste für den Anflug. Zugleich übernehme ich wieder die manuelle Führung des Flugzeuges und spreche mit dem Co-Piloten und dem Flugingenieur das Landeverfahren und den möglicherweise notwendigen Durchstartvorgang durch. Niemand darf Rätselraten, jeder der drei im Cockpit muss wissen, was der andere plant und tut. Um den Widerstand so gering wie möglich zu gestalten, wird das mittlere Fahrwerk in seiner im Rumpf gehaltenen Position gesichert. Nur die linken und die rechten Räder fahren aus. Keine Landeklappen. Nur die den Auftrieb erhöhenden Vorflügel werden aktiviert. Das Ergebnis: wir werden mit erhöhter Geschwindigkeit, mit über 300 km/h aufsetzen, während die normale Landegeschwindigkeit bei 250 km/h liegt.

Wir sind noch 600 Meter hoch, als die Wolkendecke aufreißt, der Platz kommt in Sicht.

Gas zurück, ganz vorsichtig.

Geschwindigkeit langsam abbauen, nicht zu tief kommen.

Noch 300 Meter Höhe.

Die Bahn ist frei. Fahrwerk raus. Die letzten Checks.

Abfangen.

Und: Aufsetzen.

Die Erde hat uns wieder.

Bremsen.

Umkehrschub auf den rechten Motor geben, sehr vorsichtig, sehr behutsam, damit wir die auftretende Asymmetrie mit dem Seitenruder ausgleichen können.

Stop.

Parkbremse setzen.

„Bon giorno!"

Wir sitzen da und schauen uns an. Nassgeschwitzt, alle drei. Bis auf den Trainingskapitän auf dem Sitz hinter mir und den Trainingsingenieur, die uns alles eingebrockt haben, denen ist keine Erschöpfung anzumerken.

Es gibt zwar keine 212 Passagiere. Was es gibt, das ist ein Simulator, mit dessen Hilfe wir eine fiktive Notlandung durchgeführt haben! „Refresher" nennt man bei der Lufthansa dieses zusätzliche Programm, das im Trainingskonzept der Besatzungen einen hohen Stellenwert einnimmt. Es ergänzt das Basisprogramm, den sogenannten „base check".

Was es mit dem „base check" auf sich hat? Der Linienflugzeugführerschein für den Piloten gilt nicht lebenslang wie der Führerschein beim Auto, sondern nur sechs Monate. Zur Lizenzverlängerung bedarf es einer umfassenden medizinischen Untersuchung und der Überprüfung des Piloten im Flugzeug oder im Simulator. Nicht nur die praktische Fertigkeit, auch das theoretische Wissen wird gecheckt.

Das „base check"-Programm, das vom Luftfahrtbundesamt zusammengestellt wird, geht über vier Stunden, es kann in der Luft oder im Simulator absolviert werden. Diese vier Stunden sind für jeden im Cockpit allerdings mit so vielen Prüfungsaufgaben vollgestopft, dass wenig Zeit bleibt, um die Zusammenarbeit der Crew, das Delegieren von Aufgaben durch den Flugkapitän und die sinnvolle Aufgabenteilung in Extremfällen zu trainieren. Dafür gibt es das refresher-Programm. Es sorgt dafür, dass jeder im Cockpit ein Sicherheitsnetz für den anderen bereithält, und es ist der Simulator, der beim Aufspannen dieses Sicherheitsnetzes eine entscheidende Hilfe bietet.

Was ist nun ein Simulator? Er besteht aus einem naturgetreu nachgebauten Cockpit eines bestimmten Flugzeugmusters, mit voll funktionsfähigen Bedienungselementen, Instrumenten und Anzeigen, die auf Steuerbewegungen und Schaltungen der Besatzung wie ein richtiges Flugzeug reagieren. Um der Crew ein Bewegungs- und Beschleunigungsgefühl zu geben, ist dieses Cockpit auf ein hydraulisches Bewegungssimulationsgerät aufgebaut.

Zur Sichtsimulation produziert ein spezieller Rechner fortlaufend situationsgerechte Bilder. Die Aufgabe, das Verhalten eines Flugzeuges in bestimmten Flugsituationen perfekt zu simulieren, erfüllt ein Digitalcomputer, wo alle notwendigen Daten im mathematischen Modell gespeichert sind. Informationen und Steuerreaktionen werden in Bruchteilen von Sekunden berechnet und dem Simulator zur Verfügung gestellt. Flugsimulation ist ein kontinuierlicher Vorgang, der eine lückenlose Darstellung aller Flugzeug- und Systemveränderungen in den Instrumentenanzeigen im Cockpit möglich macht. Die Signale gehen gleichzeitig in das Sicht- und Bewegungssimulationssystem und bewirken dort die Reaktionen, die dem jeweils darzustellenden Flugzustand entsprechen.

So werden die Besatzungen auf fliegerisches Können, Leistungsfähigkeit und Reaktionsvermögen getestet. Durch Knopfdruck können Störungen und Notzustände dargestellt werden, die man bei einem richtigen Flug nur herbeiführen könnte, wenn man ein unverhältnismäßig großes Risiko für die Besatzungen und das Trainingspersonal in Kauf nähme. Trainingskapitän und Trainingsingenieur können dem System bis zu 500 verschiedene Schwierigkeiten „eingeben". Das „Klavier", auf dem die beiden spielen, nennt sich nicht zu Unrecht „trouble panel". Trainingskapitän und Trainingsingenieur übernehmen auch die Rolle der während eines Einsatzes vorkommenden Gesprächs- und Kommunikationspartner, von der Besatzungssteuerung über den Flugdienst- und Wetterberater bis zum Radarlotsen der Flugsicherung und zum Bodenmechaniker.

Die vier Stunden im Simulator sind nicht das, was man unter Profis als Fluggenuss einstufen würde. Aber es gibt einen schönen Moment: wenn der Trainingskapitän den Steward mimen muss, der dem richtigen Kapitän den richtigen Kaffee ins Cockpit bringt.

Zero Zero oder Justav, jib Jas!

„ZZ" bedeutete „Gase raus und aufsetzen", und „JJJ" hieß „Justav, jib Jas" – durchstarten. Mit Morsezeichen als Verständigungsmittel wurden die fliegenden Kisten in den 30er und 40erJahren bei schlechter Sicht an die Landebahn gelotst – vom Flugleiter, der an einem Peilgerät lauschte

„Auahhh „ schrie Klaus Lange, mein Bordfunker, während das sich anschließende „Sch....." schon im Rumpeln der Räder auf dem regennassen Rasen des Flugfeldes Berlin-Tempelhof unterging.

Zwar hatte der Flugleiter den Platz schließen lassen, doch wir wollten es den Vorbildern der Lufthansa gleichtun und erbaten Anflug und Landung nach der klassischen ZZ-Methode.

Das „ZZ" stammt von der Bezeichnung Zero-Zero, also die Gase auf Null zurück. Dieses Doppel-Zeichen bekam der Pilot vom Flugleiter per Morsezeichen über seinen Kopfhörer, wenn er am Beginn der Landebahn angekommen war und die Gase zurücknehmen sollte. Das damals gebräuchliche Blindflug-Lehrbuch beschreibt das ZZ-Verfahren so: Es besteht darin, dass ein Flugzeug, nachdem es über oder in den Wolken mittels Peilungen den Flughafen erreicht hat und durch das Zeichen „Platz" davon verständigt worden ist, in einer bestimmten hindernisfreien Richtung den Platz verlässt und nach einer ganz bestimmten Zeit den Gegenkurs aufnimmt, um in niedrigerer Höhe den Platz wieder anzufliegen. Dadurch, dass der Platz mit einem ganz bestimmten Kurs verlassen wurde, ist der zum Flughafen zurückführende hindernisfreie Gegenkurs genau bekannt: dadurch, dass der Abflug eine bestimmte Anzahl Minuten gedauert hat, ist die Zeit, in der das Flugzeug den Platz in niedrigerer Flughöhe wieder erreichen muss, auch genau bekannt. Das Erreichen der Platzgrenze wird vom Peilflugleiter durch Gehör wahrgenommen und dem Flugzeug durch die Zeichen FT übermittelt, worauf es durchstoßen und die Landung ausführen kann. Für jeden Flughafen werden ein oder zwei Anflugschneisen für ZZ-Anflüge festgelegt.

Unser Flugzeug war eine Junkers W34 von der Schule für Blindfluglehrer im mitteldeutschen Brandenburg-Briest. Ein kleiner fliegender Lehrsaal aus Wellblech, und, da nur einmotorig, von uns als „Mini-Ju“ bezeichnet, wobei wir das „52“ großzügig unterschlugen. Gleichzeitig war es das Nachfolgemodell des Instrumentenflug-Trainers W33, bei dem der Schüler schon „unter der Haube“ saß, der Lehrer aber noch im Freien. Mindestbesatzung zwei Piloten plus Bordfunker für die Verbindung zur Außenwelt per Taste. Sprechverkehr war bei diesem Flug für uns noch Zukunftsmusik.

„Blindflug“ nannte sich das, was wir machten. Ein Fliegen ohne Erdsicht, nur orientiert an Fahrtmesser, Wendezeiger (Kugel und Pinsel), am Variometer und natürlich am Kompass. Später kam der künstliche Horizont hinzu.

Noch Anfang der 30er Jahre hatte es bei der Lufthansa den großen Aufstand der Piloten gegeben. Die Konservativen gegen die Zukunftsorientierten. Gut, man hatte sich auf den Nachtflug eingelassen, dem Entlanghangeln an einer Kette von Scheinwerfern, die in Abständen von jeweils sieben Kilometern den Flugweg markierten. Erdsicht hieß die unabdingbare Voraussetzung. Aber in den Wolken, nur wenigen Instrumenten ausgeliefert? Nein und nochmals nein. Die Presse, besonders das „Berliner Tageblatt“, kam den Skeptikern zu Hilfe.

Doch Carl-August Freiherr von Gablenz, der fliegende Direktor der Lufthansa, setzte sich durch. Regelmäßigkeit und Pünktlichkeit waren seine Forderungen. Luftverkehr bei jedem Wetter.

Zum Blindflug gehörte aber auch das Lotsen der Flugzeuge zum Zielhafen und ein Verfahren zum kontrollierten Durchstoßen der Wolkendecke mit anschließender Landung nach Sicht. So entstand damals der Vorläufer des heutigen „CAT IIIa Approach“, das „ZZ-Verfahren“, wobei sich „ZZ“ = „zero-zero“ auf das Zurücknehmen der Gashebel zum Zwecke der Landung bezog, wir aber als junge Lehrer die beiden Buchstaben unbekümmert mit den Sichtverhältnissen gleichsetzten.

So näherten wir uns nun dem Berliner Zentralflughafen, herangeführt vom Funker im Peilerhäuschen am Platzrand, auf dessen Dach sich die Rahmenantenne drehte. Akustisch wurde das Minimum ermittelt, das heißt die Stelle, an welcher auf der 360-Grad-Skala des Empfängers der einfallende Dauerton vom Flugzeugsender am leisesten zu hören war. Der abgelesene Wert ergab das QDM, die missweisende Kurspeilung. Ihr folgte ich und erhielt nach einigen Korrekturen das Morse-Zeichen QFG über Kopfhörer. Das hieß: „Sie befinden sich über dem Platz."

Für uns kam nun der Abflug nach Osten Richtung Müggelsee, kontrolliert mit Rückenpeilungen und so terminiert, dass unter Einbeziehung des Windes eine Anflugzeit von sieben Minuten zu erwarten war. Es folgte eine 180-Grad-Blindflugkurve (Wendezeiger Ecke auf Ecke), was einen zusätzlichen Zeitablauf von eineinhalb Minuten ergab.

Bei diesem Procedere gehörte der Luftraum über Berlin für eine Viertelstunde einem einzigen Flugzeug, auf dessen Weg und Höhe sich alles konzentrierte. Niemand ahnte, was man in den 80er Jahren unter einem strapazierten Himmel verstehen würde. Niemand hätte verstanden, dass man heute beim Fliegen eines GCA-Approachs nach fünf Sekunden Schweigen im Kopfhörer durchstarten muss, weil Sender oder Empfänger ausgefallen sein können, oder aber weil den Kollegen am Präzisionsradar möglicherweise der Schlag getroffen hat. Damals, zu Beginn der 40er Jahre, freute man sich über eine Peilung pro Minute. Nun kam's nach der Kehrtkurve darauf an: Höhenaufgabe pro Peilung im hindernisfreien Anflugsektor step-by-step. Vorsichtige Kurskorrekturen. Anforderung von weiteren Peilungen.

Aber wie? Ohne Bordsprechanlage zum Funker und doch erheblichem Motorengeräusch? Die Lösung: Zeichensprache. Bei Anforderung eines QDR beim Abflug, zum Funker nach rückwärts die flache Hand. Beim QDM im Anflug war's die Faust. Und die Übermittlung des am Boden gemessenen und nach oben gefunkten Wertes an den

Piloten? Per Zettel. Man hüte sich vor der geringschätzenden Bemerkung Steinzeitnavigation. Es lief hervorragend.

Dem Funker am Boden stand der Peilflugleiter zur Seite, der bis 1939 von der Lufthansa gestellt wurde, da die amtliche Reichsflugsicherung die Verantwortung für dieses Schlechtwetterlandeverfahren nicht übernehmen wollte. Der Peilflugleiter trat nun ins Freie und spitzte die Ohren gen Osten. Wir waren inzwischen auf 100 Meter heruntergegangen und forderten kein QDM mehr an, um, nur auf Empfang, das entscheidende Vorkommando „MO" nicht zu verpassen. Dieses kam, wenn man uns hörte und bedeutete schlicht und einfach: „Motorengeräusch im Osten."

Ich erhielt davon Kenntnis durch die Hand des Bordfunkers, die sich mir beruhigend auf die Schulter legte. Nun waren zusätzlich die Augen des Partners am Boden gefordert, denn der Flugleiter sollte seinem Funker das Handzeichen zum Senden des ZZ geben, wenn er beurteilen konnte, dass wir in etwa auf der „Peilschneisen-Grundlinie" flogen und uns 100 Meter vor der Flugplatzgrenze befanden. Falls nicht, würde man uns als Aufforderung zum Durchstarten JJJ nach oben morsen (Justav Jib Jas). Wenn wir aber richtig lagen, das ZZ kam und mir der Funker einen Schlag ins Kreuz gab, dann hieß das: Frei zum Durchstoßen und zur anschließenden Landung.

Nach 1945 starteten in solchen Fällen die anderen am europäischen Luftverkehr beteiligten Airlines meistens durch. Und die Lufthansa, als sie ab dem 31. März 55 wieder fliegen durfte? Auch! Zur Enttäuschung vieler, die es noch anders in Erinnerung hatten. Denn aus der großen grünen Wiese war eine schmale Landebahn geworden, die es am 1000-Fuß-Punkt zu treffen galt. Und das mit einer Landegeschwindigkeit, die doppelt so hoch, und später beim Jet gleich dreimal höher lag. Von den Gewichten ganz zu schweigen. Erst die automatische Landung, basierend auf dem ILS, mit einer Entscheidungshöhe (Minimum) von 20 Fuß (sechs Meter) ermöglichte einen weiteren Schritt in Richtung Allwetterflugbetrieb. Wir brauchten noch einmal 27 Jahre Training und – in Zusammenarbeit mit der Flugsicherung – die Fähigkeit einer kritischen Beurteilung technischer Innovationen. So überraschte nicht, dass der Rhein-Main-

Flughafen erst am 15. Dezember 1982 seine Zulassung für Landungen nach Betriebsstufe IIIa erhielt.

Warum Klaus Lange kurz nach der ZZ-Landung so plötzlich schrie? Nun, das lag am Bleigewicht. Er hatte als zusätzlichen Höhenmesser die Schleppantenne zehn Meter weit ausgefahren und sich den Draht dann um die Hand gewickelt. Als das Antennenende den Boden berührte und abriss ... nahm ich das Restgas raus, den Knüppel an den Bauch und wartete, bis es rummste.

Das Fußbänkchen im Cockpit

Es war ein vornehmes Fußbänkchen, eines von der teuren Art, auf einer Säule montiert und in den Cockpitboden eingelassen, bei Bedarf herausziehbar, und dessen man bedurfte, wenn man wissen wollte, wo man war. Sozusagen zum über den Zaun schauen in eine andere Welt.

In der Vorbereitungsphase des Flugs, auf dem wir nonstop von Frankfurt aus in 15 Stunden New York erreichen wollte, wurde die Strecke als Strich in die Karte eingetragen. Die Hälfte des Weges führte dabei über Wasser. Das waren mehr als sechs Stunden, in denen die Piloten die Überwachung des rechten Weges dem Kollegen im Nebenraum überlassen mussten, denn dort lag das Reich des Navigators, des Pfadfinders, dem die anderen sechs im Cockpit voll vertrauten.

Rund 30 Jahre liegt dies nun zurück. Das Flugzeug war die „Super-Constellation". Anstelle von Turbinen hatte es Motoren, und dort, wo heute ein Zwei-Mann-Cockpit Sterilität verbreitet, teilten sich drei Flugzeugführer, zwei Ingenieure, der Funker und besagter Navigator zwischen Tag und Traum die Arbeit.

Bis zur irischen Küste hangelten wir Piloten uns auf vorgeschriebenen Luftstraßen von Funkfeuer zu Funkfeuer, von Sender zu Sender, die meist noch im Mittelwellenbereich arbeiteten und auf die sich die Zeiger über den Kompassrosen automatisch einspielten. Bald aber waren die Sender außer Reichweite, die Nadeln drehten ins Leere. Der Mann mit dem Fußbänkchen trat in Aktion. Die Zeit der Segelschiffe wurde im Flugzeug wieder lebendig, denn lateinisch „navigare" heißt nichts anderes als »zur See fahren«, hier nur auf einer höheren Ebene. Die Bugwelle blieb unsichtbar, unser Element war das Luftmeer.

Der Zweite Offizier, als dritter Mann am Ruder, durfte dem Navigator von Zeit zu Zeit beim Sterneschießen assistieren, durfte ausprobieren und Erfahrung sammeln, ob sich in der Praxis vor Ort die Testergebnisse im Lehrsaal der Fliegerschule Bremen wiederholen ließen. Vier Gestirne standen im vorliegenden Fall für die angenommene Position zur Verfügung. Das jedenfalls konnte man dem Air-Almanach, dem Sternenhandbuch für fliegende Nautiker, entnehmen. Für jedes Jahr gab es ein neues Buch, für jeden Tag eine neue, heraustrennbare Seite, für jede Beobachtungszeit eine neue Zeile und, als letztes Kriterium, einen herauszufindenden, günstigen Beobachtungswinkel zum geflogenen Kurs.

So blieben zur Auswahl unter tausenden von Sternen zum Beispiel diese vier:

1. Arkturus, der rote Riese im Sternbild „Bootes", mit dem 23fachen Durchmesser der Sonne, 36 Lichtjahre entfernt.

2. Kapella, hellster Stern im „Fuhrmann", nur zehnmal so groß wie die Sonne. Entfernung: 45 Lichtjahre.

3. Regulus im Sternbild „Löwe".

4. Beteigeuze, ein Stern 1. Ordnung im „Orion", 300- bis 400facher Durchmesser der Sonne, 270 Lichtjahre von uns entfernt.

Man wählte Arkturus, Regulus und Beteigeuze, weil sie in einem guten Dreieck standen. Ein guter Ausgangspunkt auch für ein exaktes Astro-Fix. Für die errechnete Position sollte nun die Beweisführung mit dem Sextanten folgen.

Der Begriff „Sextant" dürfte bekannt sein wie auch die Tatsache, dass das Gerät zur Zielfindung in bahnhofsnahen Vierteln völlig ungeeignet ist. Man nimmt den Apparat zur Hand, man schaut hinein und hofft auf Sonne, Mond und Sterne. Doch so ein Flugzeug ist geschlossen, die Kabine steht unter Druck, um den Passagieren das Fliegen unter der Sauerstoffmaske zu ersparen. Fenster auf zur Himmelsbeobachtung? Wohl kaum. Die Kommandobrücke befindet sich im Cockpit – und das hat keinen Seitenausgang. Wohin nun mit dem Ding? Vor allem aber, wo damit raus?

Die Lösung finden wir im U-Boot, wenn es getaucht fährt, der Kommandant aber wissen will, was sich oben tut. Er fährt das Sehrohr aus, das Periskop.

Genauso war unser Sextant gebaut. In der Cockpitdecke befand sich eine Klappe, wie ein Schlitzverschluss in der Kamera. Ein Schritt auf das Fußbänkchen, ein Griff zum Hebel, fauchend entwich die Luft ins Freie und riss – schwupp – den schweren Periskop-Sextanten nach oben in seine Halterung.

So weit, so gut. Doch nun wird's ernst. Zunächst die Richtung des Gestirns ermitteln. Kompassanzeige minus Missweisung ergibt den wahren Kurs des Flugzeugs. Damit hatte man den Ausgangspunkt zur Beobachtung der Himmelstrigonometrie. Ich weiß, wo Osten, Süden, Westen ist. Doch vor dem nächsten Rechengang sehe ich einen Herrn im Himmel schmunzeln. Oder bewohnt er den Olymp? Claudius Ptolemäus, Geograph, Astronom und Mathematiker. Fast 2000 Jahre ist es her, dass er in Alexandrien sein Weltbild schuf, sein Weltsystem, wonach die Erde im Mittelpunkt des Universums steht – die Gestirne aber ihre Bahnen ziehen, rund um uns herum. Willkommen an Bord, verehrter Herr Ptolemäus, und eine tiefe Verbeugung, denn wir errechnen den Stundenkreis des zu beobachtenden Gestirns immer noch in der Drehrichtung der Himmelskugel, als sei nie etwas gewesen, als hätte bis heute noch niemand Sie – pardon – ein wenig korrigiert.

Der nächste Rechengang führt uns jetzt aufwärts, denn die »Deklination« eines Gestirns ist das Bogenstück seines Stundenkreises vom Himmelsäquator bis zum – in unserem Falle – Arkturus.

Wenn alles stimmt, müsste nun der leuchtende Himmelskörper, der gesuchte, im Visierfernrohr erscheinen.

Soll man es Erfolgserlebnis nennen oder Wunder, wenn ein Fixstern, Lichtjahre entfernt, in einer Libelle, einer winzigen Luftblase, die in finsterer Nacht den Horizont ersetzt, einem Käfig gleich, eingefangen wird, um mir zu sagen, wo ich bin?

Eine Linie, auf der ich irgendwo stehe, Standlinie genannt, ist das Ergebnis einer solchen Messung. Doch erst die zweite und die dritte ausgewertete Beobachtung geben Hinweise auf die wahre Position.

Über die Genauigkeit aber wollen wir nicht streiten. Der Atlantik ist groß, der Himmel über ihm war zu jener Zeit noch weit und offen, und auf der anderen Seite gab es schließlich eine Flugsicherung, die mit Peilungen und auch schon mit Radar den eventuellen Abweichler einzufädeln wusste. Spätestens dann wurde, oft mit betretenem Schweigen, der Sextant samt Fußbänkchen wieder weggeräumt. (Erinnerungen eines zuweilen Betroffenen!)

Zurück zur Arbeit. Rechtweisender Kurs des Flugzeugs: 280°. Beobachtung der Beteigeuze, bezogen auf unsere errechnete Position und die Uhrzeit: 226°. Höhe über dem Horizont: 34°09′ (will heißen: 34 Grad, 9 Bogenminuten).

Nun zum Regulus. Richtung: 144°, Höhe: 42°23′.

Es war nicht einfach, den Beobachtungsspiegel so zu steuern, dass das Fadenkreuz im Fernrohr, die Libelle und das Gestirn während der Messzeit in Deckung blieben, denn man stand in einem sich bewegenden, in der Luft leicht schaukelnden und von den Motoren vibrierenden Flugzeug.

Was half, war eine in den Sextanten eingebaute Eieruhr mit Federaufzug. Während der Beobachtungszeit von einer Minute drehte man an einem Knopf den Spiegel mal nach oben, mal nach unten dem immer wieder enteilenden Stern nachjagend. Der Zeiger wies dann den gemittelten Messwert aus.

Jetzt fehlte nur noch Arkturus. Er wurde entdeckt in 80°, bei einer Deklination von 16°39′. Nun mussten noch die beiden ersten Standlinien um die inzwischen geflogene Zeit/Strecke verschoben oder, wie es in der Fachsprache heißt, versegelt werden, und dann sollten sich eigentlich die Bleistiftstriche in einem Punkte treffen. Falls nicht, so ergab sich ein kleines Fehlerdreieck, in dessen Mittelpunkt man stand beziehungsweise flog.

Dass unser Astrofix diesmal korrekt war, bestätigte die Funkverbindung mit einem Wetterschiff, von dem man uns schon kommen sah – als Pünktchen auf dem Radarschirm. Dass wir's auch wirklich waren, zeigte der beim Peilen auf dem Schiff eintreffende Funkstrahl, die Trägerwelle des bordseitigen Funkgerätes, solange man den Mikrofonknopf kontinuierlich drückte.

Lang, lang ist's her. Das Jet-Zeitalter kam, die „Super-Conny" verschwand vom Himmel, wenngleich auch die B 707 in den ersten Jahren noch mit Navigator flog. Das neue Navigationsgerät hieß INS (Inertial Navigation System =Trägheitsnavigation). Ein Kind der Raumfahrt. Beschleunigungsmesser hielten auf einer handtellergroßen, kreiselgestützten Plattform jede Bewegung in der horizontalen wie in der vertikalen Richtung fest. Über eine integrierende Recheneinheit nahm die Positionsgenauigkeit erstaunliche Werte an. Nach der Landung in New York wiesen die Zahlen der Digitalanzeige oft eine Ablage von weniger als einer nautischen Meile aus (1,852 km). Mit der Einführung des Laserkreisels, einem zwischen Spiegeln umlaufenden Laserstrahl, wurde selbst die Abweichung durch die Lagerreibung der mechanischen Kreisel eliminiert.

Doch den Forschern und Tüftlern war auch das noch viel zu ungenau. Ihr Weg führte zurück zu den Sternen. Doch diesmal zu den künstlichen, den Satelliten.

GPS ist eine Abkürzung für das „Global Positioning System", das von der NASA eingesetzt, für die Verteidigung gedacht, doch auch von der Zivilluftfahrt (kostenlos?) genutzt werden soll.

24 Satelliten umkreisen auf sich kreuzenden Bahnen die Erde und senden Signale aus, die nach ihrer automatischen Auswertung an Bord, weltweit eine Positionsgenauigkeit von ± 10 Metern erbringen. Und aus dem Sextanten von einst ist eine Parabolantenne geworden, plan in die Außenhaut des Flugzeugs eingebaut, mit Hilfe elektronischer Schalttricks zur „Schüssel" verformt. Von den Lichtjahren bis zum nächsten Stern sind simple 20 000 Kilometer bis zum künstlichen Trabanten übriggeblieben.

Das neue, nun synthetische Himmelsbild des Ptolemäus hat seinen Zauber und – man möge mir verzeihen – seine Romantik vollends eingebüßt. Auf Knopfdruck kommt die Antwort auf die Frage nach dem Standort aus dem All. Im Bruchteil einer Sekunde. Exakt und digital. Mein Fußbänkchen hat seinen Platz verloren.

Die Besteigung des Mount Everest

„Meine Damen und Herren, wir machen Sie jetzt mit den Sicherheitseinrichtungen dieses Flugzeugs bekannt."

Die Stewardess, die im Gang der Boeing 727 steht, versucht die Blicke der Passagiere auf sich zu ziehen.

„In diesem Flugzeug befinden sich sieben Notausgänge."

Stumpfe Teilnahmslosigkeit in den Gesichtern. Mein Nachbar blättert die Zeitung um.

„Zwei im vorderen Bereich, zwei über den Tragflächen und drei im hinteren Bereich."

Niemand beachtet die Belehrung.

„Wir führen Ihnen jetzt den Gebrauch der Sauerstoffmasken vor."

Die Stewardess, die im gegenüberliegenden Gang steht, findet mit ihren Erklärungen genauso wenig Beachtung. Die beiden Flugbegleiterinnen arbeiten synchron, ihre Bewegungen sind einstudierte Choreographie. Die Regie des Balletts liegt in den Händen der Chef-Stewardess, die sich während der Vorführung in der vorderen Galley, der Bordküche für die Erste Klasse, aufhält.

Die Stewardess vor mir fährt mit der Belehrung der Passagiere fort. Sie ist unsicher geworden, weil niemand ihr zuzuhören scheint. Mit wenigen Ausnahmen. Auch ich höre ihr sehr genau zu. Kennt sie mich, der ich heute ohne Uniform als dienstreisender Passagier mitfliege?

„Im Falle eines Druckverlustes in der Kabine ..."

Begreift denn niemand, wie wichtig diese Informationen sind?

„... fallen automatisch aus den Kästen über Ihnen die Sauerstoffmasken herab."

Die Kollegin hält die Vorführmaske mit dem langen Schlauch unter die obere Gepäckablage.

„Löschen Sie sofort Ihre Zigarette."

Das Ehepaar in der gegenüberliegenden Sitzreihe hat ein angeregtes Gespräch begonnen. Ob die beiden sich vorstellen können, wie sich eine Zigarette im Sauerstoffstrahl verhält, wie sie weiß aufglüht und zum Schweißbrenner wird?

„... ziehen Sie die Maske fest zu sich heran ..."

Wenn man die Maske nämlich nicht fest zieht, bleibt der Zufuhrhahn für den Sauerstoff geschlossen. Man bekommt dann zwar noch Luft, aber die reicht fürs Überleben nicht aus. „... und pressen Sie die Maske fest auf Mund und Nase."

Die Stewardess – ich bin jetzt sicher, dass es ihre erste Demonstration ist – wiederholt die Belehrung auf englisch. Doch der Passagier in der Reihe vor mir, der in eine Ausgabe des „Daily Telegraph" vertieft ist, schaut nicht aus seiner Zeitung auf.

Ich sehe, wie die Stewardess die Vorführutensilien wegpackt. Sie ist sichtlich deprimiert, weil ihre Belehrung auf blankes Desinteresse gestoßen ist. Und ich, der flugerfahrene Kapitän, bin ebenso ratlos wie sie. Begreift denn niemand von diesen Menschen, dass hier Sicherheit demonstriert wird? Warum hören die meisten weg, wenn man sie mit den Maßnahmen bekannt macht, die notwendig sind, um Gefahren in der Luft zu begegnen? Wir sind gestartet. Ich ziehe meine Nachbarin zur Linken in ein Gespräch. Ob es ihr erster Flug ist, frage ich sie.

Nein.

Ob sie oft fliegt?

Ab und zu.

Beruflich?

Ja, fast nur beruflich.

Ob es Dinge gibt, die ihr beim Fliegen unangenehm sind?

Eigentlich nicht, sagt sie. Oder doch: das Druckgefühl in den Ohren, wenn das Flugzeug landet. Und dann unterbricht uns die Durchsage des Flugkapitäns. Wir haben unsere Reiseflughöhe von 8500 Metern erreicht, fast die Höhe des Mt. Everest. Von der dünnen Luft, die in solchen Höhen herrscht, merken wir freilich gar nichts. Die Druck- und Klimaanlage des Flugzeugs sorgt dafür, dass wir uns nur wie in 1000 Metern Höhe vorkommen.

Meine Sitznachbarin ist nachdenklich geworden, nachdem ich ihr erklärt habe, dass wir in einer künstlichen Klimakammer dahinfliegen. Was denn passieren würde, wenn es zu einem Druckverlust in der Kabine käme, fragt sie.

„Im Falle eines Druckverlustes in der Kabine" ... die Stewardess hat erst vor wenigen Minuten erklärt, wie sich die Passagiere vor den unmittelbaren Folgen eines solchen Druckverlustes schützen können. Aber die Frau neben mir hat, wie wohl die meisten anderen Reisenden auf diesem Flug, nicht zugehört. Aber jetzt, nachdem ich ihr unsere Flughöhe mit dem Mt. Everest anschaulich gemacht habe, ist ihr Interesse erwacht. Sie lässt sich von mir erklären, was es mit der „Höhenkrankheit" auf sich hat.

Wenn durch einen technischen Defekt der Druck in der Kabine entweicht, und der Passagier auf die tatsächlich geflogene Höhe hinaufkatapultiert wird, tritt eine Sauerstoffverarmung des Blutes ein. Von allen Organen ist das Gehirn am meisten betroffen. Es kommt bei der Höhenkrankheit zu einem Gefühl von Müdigkeit, Trägheit und Entschlusslosigkeit. Die Bewegungen werden langsamer. Das Zusammenspiel der Muskeln funktioniert nicht mehr richtig. Das Bewusstsein ist getrübt.

Im Anfangsstadium der Höhenkrankheit erlebt der Mensch allerdings häufig eine Steigerung des Selbstgefühls, die Ähnlichkeit zu einem alkoholischen Rausch hat. Die ersten Krankheitserscheinungen stellen sich erst in Höhen über 4000 Metern ein. Der Organismus bemüht sich, den niedrigeren Sauerstoffgehalt des Blutes auszugleichen. Die Atmung wird vertieft, und der Blutumlauf wird beschleunigt durch Vermehrung der Pulsschläge und Auswerfen größerer Blutmengen aus dem Herzen bei jedem Pulsschlag. Bei längerem Verweilen in größerer Höhe steigt die Zahl der roten Blutkörperchen und in gleichem Maße der Blutfarbstoff an, der Körper versucht mit diesen Maßnahmen mehr Sauerstoff zu binden.

Was man gegen Höhenkrankheit tun kann, fragt mich meine Sitznachbarin.

Das einzige Hilfsmittel gegen die Höhenkrankheit, so erkläre ich ihr, ist die Zufuhr von Sauerstoff mit Hilfe eines Atemgerätes. Durch einige Atemzüge reinen Sauerstoffs verschwinden schlagartig alle

Erscheinungen dieser Krankheit. Auch bei Bewusstlosen ist durch Beatmung mit reinem Sauerstoff Rettung möglich.

Der Anflug auf Fuhlsbüttel beginnt. Meine Gesprächspartnerin bedankt sich, ich verschweige ihr, dass ich Flugkapitän bin.

Wir landen.

Ich stehe vor der Ankunftshalle und sehe dem Taxi der Frau nach, das alsbald im dichten Verkehr untertaucht. Ich gehe zum Lufthansa-Bus hinüber, der mich zum „Medical" bringen wird. Dort werde ich die halbjährliche Untersuchung hinter mich bringen, die eine der Voraussetzungen für die Verlängerung der Verkehrspilotenlizenz ist.

Ich bin im „Medical" angekommen und nehme im Wartezimmer des Augenarztes Platz. Ich weiß schon, wie's weitergeht: vom Augenarzt zum EKG, dann zum Audiogramm, zum Labor, zum Tropenarzt und zum Fliegerarzt.

Während ich mich innerlich auf die lange Prozedur vorbereite, fällt mir das Experiment ein, dem ich mich im Jahre 1952 unterzog. Ich war damals in eine Unterdruckkammer gestiegen und hatte mich auf die Höhe des Mt. Everest „anheben" lassen. Ich wollte im Selbstversuch die Gefahren des Höhenrausches erkunden.

Das Experiment wurde in der Klimakammer des Luftfahrtmediziners Dr. Romberg in Düsseldorf durchgeführt. Zweiter Mann in der Unterdruckkammer war Hans Jesse, Chefreporter des NWDR Köln. Jesse hielt während des Experiments eine Sauerstoffmaske umgeschnallt, ich war natürlich ohne Maske. Geleitet wurde der Versuch von Dr. Romberg, und die Tonbandaufnahme meiner Unterhaltung mit ihm und mit dem Reporter während des Experiments wurde im Rahmen der Hörfolge „Flug zu den Sternen" vom NWDR Köln gesendet und später von den meisten deutschsprachigen Sendern Europas übernommen.

Flug zu den Sternen? Was hat die Unterdruckkammer mit dem Weltenraum zu tun?

Erinnern wir uns daran, dass in der Kabine eines Flugzeugs ganz ähnliche Druckverhältnisse geschaffen werden müssen wie in einer bemannten Rakete oder in einer bemannten Raumkapsel. Vieles von dem, was wir heute wissen, war zum Zeitpunkt meines Experiments noch unbekannt. Wir schrieben das Jahr 1952, und die Raumfahrt war damals eine Angelegenheit, die nur in den Hirnen der Wissenschaftler und in der Science-Fiction-Literatur stattfand.

Wir hatten die Türen der Unterdruckkammer geschlossen und begannen den „Aufstieg“, begleitet vom Geräusch der Vakuumpumpen. Die Tonbänder im Übertragungswagen liefen. Als wir fast die Höhe des Mt. Everest erreicht hatten, stellte mir der Reporter die erste Frage.

Hier das Tonbandprotokoll:

Jesse: Wir haben also jetzt die Höhe von 8500 Metern erreicht. Herr Terjung nimmt jetzt in diesem Augenblick die Sauerstoffmaske ab. Ich beobachte ihn mal ganz kurz. – Es geschieht noch gar nichts. Er hat auf seinen Knien ein Stück Papier und schreibt die Zahl 1000, 999 und setzt diese Kette fort, indem er die Zahlenreihe immer mehr vermindert. Das geht im Moment noch glatt, es unterläuft auch noch kein Fehler.

Dr. Romberg: Wir lassen die Zahlen aus dem Grund rückwärts schreiben, weil beim Vorwärtsschreiben ja der Geist die Zahl automatisch mitdenkt, während beim Rückwärtsschreiben der Zahlen immer eine gewisse Überlegung notwendig ist.

Herr Terjung holt schon etwas tiefer Luft, die ersten Anzeichen von Sauerstoffmangel machen sich bei ihm bemerkbar.

Jesse: Kann ich mit Ihnen sprechen, Herr Terjung?

Terjung: (tief atmend) Ja, es geht noch.

Jesse: Dann sagen Sie mir einmal ganz kurz das, was Sie schreiben.

Terjung: (die Stimme klingt gedrückt, als müsse sie sich durch einen Engpass quälen) 979.

Jesse: Der erste Fehler.

Terjung: 978 – 978 – 978 – 977.

Jesse: Herr Terjung, Sie sagen zwar 977, Sie schreiben aber 777. Merken Sie das?

Terjung: (hat Mühe mit der Artikulation) Nein, das habe ich im Moment nicht gemerkt. Ich habe 977 geschrieben.

Jesse: Sie haben jetzt verbessert. Machen Sie doch bitte weiter. – Die Hand zittert, als sei er hochgradig nervös.

Terjung: 977 – äh – 977 weniger 1 ist – äh – äh – 975.

Jesse: Der Bleistift tanzt in seiner Hand. Er nestelt an seinem Kragen.

Terjung: Der Kopf – der Kopf – der Kopf kriegt irgendwie ein Druckgefühl. Jetzt kommt 70 – jetzt kommt 9 und – nein – jetzt kommt 69.

Jesse: Fehler. Sie haben wieder eine 7 geschrieben.

Terjung: Ja stimmt. 779 – 79 – äh – 79 – 79 weniger 1 ist (große Denkpause) 78.

(Stimmlage wird höher, aufgeregter.) Ich kann langsam nicht mehr klar denken. Ich würde im Flugzeug schleunigst versuchen, größere (!) Höhen zu erreichen.

Jesse: Das Zahlenexperiment ist zu Ende gegangen.

Terjung: (Artikulation geht allmählich in ein schwerfälliges, aber immer noch zu verstehendes Lallen über) Ich will mal versuchen, meinen Namen zu schreiben. Her – Her – Hermann.

Jesse: Ja, es ist noch zu lesen.

Terjung: Terjung – (ist sich nicht sicher, sehr langsam) – ja – Moment – ja – Terjung – jung – nein – ja, doch.

(Klang der Sprache wird schrill) Ich kann nicht mehr klar denken.

Jesse: Herr Terjung, bevor Sie weiterschreiben, eine Frage; sagen Sie mal, Sie haben uns eben erklärt, Sie wollten Ihren Namen schreiben. Das ist auch fast gelungen. Also, der Vorsatz, etwas zu tun, ist da. Aber die mechanische Durchführung, in diesem Falle der Bleistift, den die Hand führt, der macht nicht mehr mit.

Terjung: (beginnt lauter zu werden, wütend auf sich selbst, weil der Wille des Gehirns vom Körper nicht mehr akzeptiert wird) Ja, ich will – der Kopf will – aber diese – vom Kopf zur Hand – diese Kommandostrecke funktioniert nicht mehr. Im Kopf denk ich noch klar (?), aber vom Kopf zur Hand, diese Kommandostrecke, die funktioniert nicht mehr.

Dr. Romberg: Herr Terjung, wie viel ist denn 3 mal 18? Können Sie das noch rechnen?

Terjung: Äh – äh – (große Pause, tiefes Atmen, das Sprechen macht Mühe) 3 mal 18 – 3 mal 10 sind 80 – und 3 mal 8 sind 80. 3 mal 8 sind 24. Ich glaube, es ist richtig. Ich weiß es nicht mehr. 3 mal 3 ist 84. – Nein – nein – es geht nicht mehr. (Sprache wird langsamer, Zunge schwerer) Ich möchte rechnen – aber – 3 mal – es geht nicht mehr (fast wie ein verzweifelter Aufschrei).

Jesse: Herr Terjung, schreiben Sie doch mal das Wort „Rakete".

Terjung: (schwerfällig) Rakete – Moment – Rakete? Ich schreib ein längeres Wort (!!!) Dr. Romberg: Nordwestdeutscher Rundfunk. (Die Höhe beträgt immer noch 8500 Meter)

Terjung: Ja – Raketdeutscher Rundfunk. Es stimmt nicht mehr, ich merk's im Kopf, aber – die Hand reagiert nicht mehr. Raketenvers – Moment – Raketenversuch – such – (atmet schwer) such – such heißt das Wort.

Jesse: Es ist nur noch schwer leserlich, was er schreibt.

Terjung: Ja – ich möchte schreiben – aber – aber – (Stimme wird heller, etwas artikulierter, energischer, wütender) ich möchte schreiben, aber das geht nicht. Ich weiß genau, was ich will. Aber dieser Wille ist unterbrochen. – Es geht nicht mehr.

Dr. Romberg: Sie könnten also jetzt kein Flugzeug mehr bedienen.

Terjung: (ringt nach Worten, versucht zu formulieren, lautes und heftiges Atmen, Artikulationsschwierigkeiten, Lallen wie ein hochgradig Betrunkener)

Dr. Romberg: Schreiben Sie mal Ihren Namen. Herr Terjung, Ihren Namen.

Terjung: (kaum noch zu verstehen) Meinen – Namen.

Dr. Romberg: Es ist gleich soweit.

Terjung: (mit äußerster Mühe) Raketenver – versuch

Dr. Romberg: Schreiben Sie noch mal Ihren Namen, Herr Terjung.

Terjung: Ich – ich – üh – ich (weitere Worte gehen in einem Gurgeln unter)

Dr. Romberg: Namen hinschreiben – Namen hinschreiben – den Namen hinschreiben. Terjung: (schwer höhenkrank) N – Nam hinscheim?

Dr. Romberg: (energischer) Namen hinschreiben!

Terjung: (wird bewusstlos, stiert vor sich hin, keine Reaktion mehr)

Jesse: Also, den wiederholten Aufforderungen des Arztes, seinen Namen hinzuschreiben ...

Dr. Romberg: Namen hinschreiben!

Jesse: ... das schafft er nicht mehr. Er ist jetzt in seiner manuellen, seiner mechanischen Ausführung gehandicapt. Das ist das Ende.

Dr. Romberg: (hält Terjung die Sauerstoffmaske vor Mund und Nase, der sie wegschieben will) Er hat jetzt seinen Sauerstoff gekriegt. (Strömen des Sauerstoffes ist deutlich zu hören.)

Wir wollen mal warten, wie lange es dauert, bis er sich erholt. – Er atmet ganz tief. – Herr Terjung, merken Sie jetzt schon eine Besserung?

Terjung: (kommt kurzfristig zu sich, die Stimme überschlägt sich in extremer Höhenlage) Ich versuche mal – meinen Namen – zu schreiben. (Die letzte Aufforderung des Arztes wurde im Unterbewusstsein gespeichert)

Es kribbelt jetzt – es kribbelt furchtbar in den Fingern. Äh – äh.

Jesse: Es sind wirre Linien, die jetzt auf das Papier kommen. Völlig durcheinander, kreuz und quer. Gar nichts mehr.

Wie wild fegt die Hand über das weiße Papier. Als ob ein dreijähriges Kind malen würde.

(Pause – nur das Zischen des Sauerstoffs ist zu hören)

Terjung: (in höchstem Falsett aus dem Unterbewusstsein) Ich kann klar denken (???) – ich weiß, was ich will – (schreit) das geht nicht mehr.

(Pause)

Dr. Romberg: Er hat noch gar nicht bemerkt, dass wir ihm Sauerstoff gegeben haben. – Er kommt jetzt allmählich wieder zu sich.

Wir sind gleichzeitig auch sehr schnell runtergegangen. – Wir sind jetzt nur noch 6000 Meter hoch – und jetzt schreibt er seinen Namen wieder – jetzt geht es auch zum erstenmal wieder. Jetzt ist die Schrift leserlich.

Jesse: Die Andeutung ist da – jawohl – noch etwas verworren, aber man erkennt wieder Schriftzüge – und der Name formiert sich ganz klar.

Dr. Romberg: Er schreibt gerade: kann wieder tun, was ich denke.

Jesse: Es geht wieder.

Terjung: (noch außer Atem, doch mit klarer, kräftiger Stimme) So, Herr Jesse – es geht wieder – ich seh' jetzt selbst auf dem Papier – was ich geschrieben habe – das hab ich eben – (lacht laut auf) kaum noch bemerkt. – Es kribbelt in den Fingern – aber – ich kann wieder klar denken (Stimme wird ruhiger) und ich weiß auch wieder, was ich rede. – Ich könnte auch jetzt wieder steuern. (Befreiendes Aufatmen, zufriedenes Lachen)

Jesse: Die Erde hat ihn wieder. Und wir sind etwas an die Probleme herangegangen, was die Menschen zu bewältigen haben, die einstmals, wie wir heute in einer Klimakammer, in einer Rakete sitzen werden.

Soweit das Tonbandprotokoll des Experiments, das 1952 in der Klimakammer des Luftfahrtmediziners Dr. Romberg durchgeführt wurde.

1956 stellte ich mich dann dem Fernsehen für ein ähnliches Experiment zur Verfügung, das als Livesendung in die deutschen Wohnstuben ging.

Durchgeführt wurde dieser Versuch im Institut für Flugmedizin in Bad Godesberg, möglich wurde er durch die Unterstützung der Professoren Ruff und Brüner.

Kommentar der „Süddeutschen Zeitung“:

Das Fernsehereignis der Woche kam vom NWDR Köln und hieß: „Die kritische Schwelle“. Es handelte sich dabei um Versuche über Reaktionen des Menschen in Höhen zwischen 3000 und 10 000 Metern, ausgeführt und einem staunenden Fernsehpublikum vorgestellt vom Institut für Flugmedizin in Bad Godesberg. Zugleich aber handelt es sich um die erregendste Reportage seit Bestehen des Deutschen Fernsehens – so erregend, dass sich der kritische Betrachter fragen muss, ob hier nicht die Grenzen journalistischen Taktes um Haaresbreite überschritten wurden. Sicherlich in der besten Absicht. Wir sahen und hörten, wie sich ein Luftkranker, das heißt, ein Mensch, der unter Sauerstoffmangel leidet, verhält: Er verhält sich ähnlich wie einer, der unter Narkose steht, nämlich unkontrolliert. Und einen solchen Menschen in sozusagen „seelischer Nacktheit“ der öffentlichen Neugier preiszugeben, erscheint mir auch dann, wenn es mit seinem Einverständnis geschieht, problematisch. Aber vielleicht mache ich mir von der Würde des Menschen übertriebene Vorstellungen.

Winter-Operation

„Der Flieger, der aufsteigt, kommt in Berührung mit Wasser und Luft.“ So beginnt Saint-Exupéry ein Kapitel in seinem Buch „Wind, Sand und Sterne“. Der französische Flieger und Dichter beschreibt darin den Start eines Wasserflugzeugs auf einer afrikanischen Poststrecke. Jahrzehnte sind seitdem vergangen, doch sie erscheinen uns wie Jahrhunderte. Aus dem Piloten von damals ist ein Systemanalytiker geworden. Die Elektronik wandelte sich zum Partner, das Cockpit zur Mess- und Intensivstation.

Die Besatzung, die sich bei der Anflugkontrolle des Rhein-Main-Flughafens meldet und bestätigt, dass sie „Whisky“ habe, beschreibt damit keineswegs den Inhalt der Bordbar, sondern gibt damit zu Protokoll, dass sie die unter dem Buchstaben „W“ laufende Wetterinformation zur Kenntnis genommen und die empfangenen Werte bei der Berechnung der Landestrecke berücksichtigt hat.

Es schneit. Im Lichtkegel der Landescheinwerfer rasen winzige Flöckchen auf die Cockpitscheiben zu. Im diffusen Lichtergewirr am Boden sind die auf der Autobahn kreuzenden Autos kaum zu erkennen. Über sie hinweg huschen die Blitzlichter der Anflugbefeuerung, die übergehen in die Orientierungshilfen bis zur Landebahnschwelle. Dahinter die leuchtende Mittellinie, die hochintensiven Lampen der Seitenbegrenzung und, eingebetet in diesen Christbaum, die grünen Versenkleuchten der Aufsetzzone, ein langgestrecktes Rechteck im Bereich des 1000-Fuß-Punktes.

Exakt an dieser Stelle beginnt die Rechnung der Besatzung, wie viel Landebahn zur Verfügung steht, und wie viel man unter Berücksichtigung der herrschenden Wetterverhältnisse davon benötigt. Die Bahn ist geräumt, entnimmt man der Information „Braking Action medium to good". Gestreut oder chemisch behandelt. Es liegt jedenfalls kein Schnee. Gegen die weiß bedeckten Grasflächen wirkt die Runway wie schwarz ausgestanzt. Aber sie ist nass. Von stehendem Wasser wird nichts gesagt. Ein dynamisches Hydroplaning, wie man's vom Autofahren kennt, ist nicht zu erwarten. Das käme erst bei einer Wassertiefe von 2,5 – 10 mm. Dabei würde das Rad auf einen Wasserkeil auffahren, es käme – ungebremst – zum Stillstand, und da der hydrodynamische Auftrieb vor der Radachse liegt, würde es sich sogar rückwärts zu drehen beginnen.

Bei dieser Landung sieht das Problem anders aus. Eine „nur" nasse Bahn liegt vor uns. Die Gefahr des viskosen Aquaplaning besteht. Infolge einer gewissen Zähigkeit hält sich ein dünner Wasserfilm auf der Pistenoberfläche, auf dem der Reifen gleitet. Die Landerollstrecke kann sich mehr als verdoppeln. Wehe dem Flugzeugführer, der jetzt eine weiche Landung versucht. „Rubber Reversion" wäre die Folge. Ein Phänomen, bei dem sich ein Kissen aus überhitztem Dampf (bis ca. 200o Celsius) unter dem Reifen bildet. Die Reifenoberfläche beginnt zu schmelzen, und dieser geschmolzene Gummi bildet die Abdichtung des Dampfkissens nach außen. Der Applaus der Passagiere für diese „Superlandung" gilt objektiv der Cockpit-Crew, verdient hat ihn jedoch eigentlich der Reifenhersteller, der nun einen weiteren Pneu in der Kostengröße eines Kleinwagens absetzen kann. „Positiv touch-down", auch wenn's mal rummst. Und dann voll in die Bremsen. Das „Anti-Scid", dem Antiblockier-System (ABS) verwandt, hilft Kosten sparen, Gefahren mindern.

„When leaving the runway, taxi via Charly and Foxtrott, hold before crossing 25R", tönt es vom Kontrollturm, der sich in der Südostecke des Flughafens, 70 Meter hoch in den Himmel reckt. „Taxi slowly, on 'Charly' frozen ruts or ridges." Gefrorene Radspuren oder Furchen. Es rumpelt eine ganze Weile, bis der Jumbo kurz vor der beleuchteten Stopbar, an der Kreuzung des Rollwegs „F" mit der rechten Landebahn sanft zum stehen kommt. „Lufthansa seven eleven, you are cleared to cross two five right and switch over to one two one seven."

Die Szene ändert sich. Wir überqueren die Landebahn 25R und schalten den Empfänger auf die Frequenz 121,7. Continue on ‚Foxtrot' for gate thirty-eight." Die Kollegen, die uns jetzt zur Position 38 lotsen, gehören nicht zur Flugsicherung von Rhein-Main, sondern zur Rampenkontrolle und damit zur FAG, dem Betreiber dieses Riesenflughafens. Und sie sitzen auch nicht im Tower, von wo aus sie das Gewusel auf dem Vorfeld niemals überblicken könnten, sondern in einem Glaskasten im Zentrum des Abfertigungsgebäudes. Hoch über dem Geschehen und doch nicht isoliert. Wer hier arbeitet, muss mehrfach-belastbar sein: Mit einem Ohr verfolgen sie den Funksprechverkehr – auch den zwischen Tower und Piloten – mit dem anderen die Meldungen der Bodenfahrzeuge. Mit den Augen verfolgen sie einen ungeheuren Mischverkehr über Dutzende von Kreuzungen, und über das Mikrofon geben sie die „Taxi-Clearance" für die ankommenden oder wegrollenden Airliner. Und wenn sich jemand mal „verrollt"? Dann dröhnt der Schrei „du Trottel" durch den ganzen achten Stock, jedoch niemals über den Sender. Über den schwingt nur der kategorische Imperativ „Hold your position", bis man das Wirrwarr wieder im Griff hat, bevor sich Gefahrenpunkte bilden.

Von dort, von „Apron control", kamen auch die gemessenen Werte, die der landenden Besatzung ein Operieren „on the safe side" erlaubte. Dieselbe Dienststelle, intern mit ZV11 = Vorfeldkontrolle bezeichnet, steuert auch den Marshaller, der jetzt die Leuchtstäbe kreuzt, die Hand an die Mütze führt und sich damit von der Cockpit-Crew verabschiedet. Die Passagiere können die Maschine, unbehelligt vom Wetter, trockenen Fußes durch die herangefahrenen Fluggastbrücken verlassen.

Dieser letzte Schritt des zahlenden Kunden wird möglich durch eine Generalstabsarbeit der Abteilung „Gatevergabe" (ein typisches „Luftverkehrsmischwort") im siebten Stock des Terminals, ebenfalls in einem Glaskasten. Dort stehen die Bildschirme mit der farbigen Darstellung der Flugzeug-Parkpositionen. Wir sind in der Zentrale für Information und Logistik. Hier läuft die Computermaus schon Stunden vor der Ankunft über das Planungslayout und freut sich auf den Jumbo, den sie bald dirigieren darf. Wo stell' ich ihn hin, damit der Umsteigegast mit der geplanten 45-Minuten-Transitzeit zurecht kommt, aber auch sein Koffer umgeladen werden kann. Tank- und Werkstattwagen müssen rechtzeitig gesteuert werden, genauso wie Gepäckkarren, Putzkolonnen, Ver- und Entsorgungsfahrzeuge. Rund hundert Abstellplätze stehen zur Verfügung. Doch die Maus versucht, von den Disponenten „on line" diskret geführt, den optimalen Platz zu finden.

Schon kurz nach dem Abflug aus Tokio erfährt sie die Anzahl der Passagiere, das Gewicht der Koffer und der Fracht und erst recht die Ankunftszeit. Die aber kann sich ändern, so lässt sie sich mit weiteren Informationen füttern. Nervös wird sie erst bei TMO (ten minutes out). Kann alles so bleiben, oder ist die geplante Position blockiert, weil noch ein Airbus enteist werden muss? Dann wird blitzschnell umdisponiert und alle werden automatisch unterrichtet: Die Anzeigentafeln, die Videomonitore, die Informationsschalter und Check-in-Counter, die Dienstleistungsbetriebe, die Reisebüros, die Hotels und über Videotext selbst die Abholer daheim.

Die Winterzeit ist eine harte Zeit für unsere Computermaus. Oft qualmen ihr die Pfötchen, wenn die Kollegen im Stockwerk über ihr z. B. den Einsatz der Schneepflüge anordnen müssen, der Kehr- und Blasgeräte, der Schneeschleudern, der Streugeräte, der Enteisungsgeräte und der Radlader, denn der Schnee an den Rändern der Startbahnen und der Rollwege darf nicht höher als 30 cm aufgetürmt werden. Die darüber streichenden, äußeren Düsentriebwerke der großen Vögel könnten sich sonst nämlich verschlucken. Die weiße Pracht oder der schäbige Rest darf aber nicht einfach auf-'s Gras gekippt werden, er könnte Schadstoffe enthalten. Entsorgen! Dort, wo das Rollbahnensystem ins Wasserschutzgebiet reicht (Startbahn West), darf ohnehin nur mit Sand gearbeitet werden. Der aber verstopft die Filter der Drainage.

Was also tun, wenn die Glatteis-Frühwarn-Anlage Alarm gibt? Zunächst, so jedenfalls die Ansicht der Vorfeldkontrolle, darf man nicht blind den technischen Warnsystemen vertrauen. Die sechsunddreißig Sonden, die an den Betonpisten stehen, messen zwar die Temperatur des Bodens und der Luft, die relative Feuchte und den Taupunkt, Windrichtung und –stärke und zusätzlich die Oberflächenspannung des Wassers auf der Bahn, um eventuell noch vorhandene Enteisungsmittel anzuzeigen. Doch es könnte sein, dass ein Vogel sich auf einer Sonde ausruht und mit seinen Spuren die Messergebnisse verfälscht. Heißt: Aufstehen. Hingehen. Nachsehen!

Wenn aber keine Fremdeinwirkung vorliegt, ja, dann wird's ernst: Die Flugsicherung informieren, Bahnen zum Räumen und Streuen sperren, Abflüge halten, Anflüge durch die DFS ins Holding schicken. Als Abschluss dieses von Petrus inszenierten Spuks fährt dann ein 100.000 Mark teures Auto auf die Bahn, beschleunigt auf 60 – 100 km/h, bremst ab, fährt wieder an, bremst wieder ab – und über Funk kommen dann schon die ermittelten Werte des Reibungskoeffizienten.

Das Geheimnis des „Saab-Friction-Testers" ist das fünfte Rad am Wagen, das zu Beginn der Testfahrt unter dem Auto ausgefahren wird. Dieser Bremsfühler besteht aus einem kettenangetriebenen Reifen, der in Gummimischung und Luftdruck einem Flugzeugreifen ähnelt. Mit 150 kp wird dieser Reifen an den Boden gedrückt und läuft mit 15-prozentigem Schlupf gegenüber den Hinterachsrädern. Das Messergebnis wird vom Computer festgehalten und auf einem Papierstreifen ausgedruckt.

„You are cleared for push-back." Vorsichtig wird die Maschine von der Position B33 zurückgeschoben. Auf dem Weg zur Startbahn 18 ist sie bereits integriert in das rechnergestützte Abflugsystem DEPCO, das Vorfeldkontrolle und Flugsicherung miteinander verbindet. „Here we go." Schubhebel vor. Nach 12 Sekunden ist V1 erreicht, die Höchstgeschwindigkeit für den Startabbruch. Nichts geht mehr. VR, die Rotationsgeschwindigkeit. Die Nase jetzt exakt 19 Grad über den Horizont nehmen. V2, airborn. Cross-Check mit dem Höhenmesser, Fahrwerk rein, Sprechfunk umschalten auf Abflugkontrolle, Autopilot „on".

Ein kurzes Entspannen sei erlaubt und eine fast wehmütige Erinnerung an folgende Zeilen:

„Wenn der Augenblick herangereift ist, vermag der Flieger mit einer Bewegung, die geringer ist als die des Pflückens einer Blume, das Flugzeug vom Wasser zu lösen und es in die Luft zu erheben." (Exupéry)

Kleine Flugphysik für Passagiere

An Bord ist alles im Lot

„Start“ sagt das Lexikon, „ist der Beginn einer Fortbewegung von einem bestimmten Ausgangspunkt“.

Eine sachlich richtige Definition, die für den Piloten wie für seinen Fluggast gilt.

Wie arm aber ist dieser Satz, sagt er doch nichts aus über das, was mitschwingt an Gefühlen in einer breiten Skala zwischen Euphorie und Angst. Ein Start kann viele Namen haben: vom „sich lösen von der Erde“, „sich einem unbekannten Schicksal anvertrauen“ bis zum „erhebenden Gefühl“, das sich in Dichtung niederschlägt. Exupéry widmet in seinem Buch Wind, Sand und Sterne diesem Vorgang eine ganze Seite, die mit den Worten endet: „Und wenn der Augenblick herangereift ist, vermag der Flieger mit einer Bewegung, die geringer ist als die des Pflückens einer Blume, das Flugzeug vom Wasser zu lösen und in die Luft zu erheben.“

Möge es Ihnen, verehrte Leser, vergönnt sein, so zu denken, so zu empfinden, so zu genießen.

Fangen wir einmal klein an:

Sie sitzen in einem einmotorigen Privatflugzeug neben dem Piloten, dem Sie Ihr Vertrauen schenken (schauen auf die breite Betonbahn), der Gashebel wird vorgeschoben, der Propeller dreht hoch, die Bremsen werden gelöst, das Spiel beginnt; der Wettstreit zwischen dem Gewicht des Aeroplans und den Kräften, die an den Flügeln angreifen. Stärker und stärker werden sie, je schneller das kleine Flugzeug rollt. Der Pilot entlastet das Bugrad, die Wirkung des Windes gewinnt die Oberhand, das Flugzeug fliegt. Die Tragflächen bestätigen das, was die Konstrukteure errechnet haben. Selbst abgebrühte Testpiloten brechen zuweilen in Jubelrufe aus, denn auch sie sind Menschen, Sieger über die eben noch tote Materie.

Wie anders ist der Startvorgang, wenn Sie in einem offenen Sportflugzeug sitzen, in einem Doppeldecker z.B., einer Bücker 131 oder einer Focke-Wulf Fw44, dem legendären „Stieglitz". Können Sie sich das Gefühl des Hautkontaktes mit dem Fahrtwind vorstellen? Das ist noch Fliegen!

Da hören Sie noch das Summen der Verspannungsdrähte – dafür Ihren Herrn und Meister nur noch schwerlich. In diesem Flugzeug gilt noch die Zeichensprache und das vorsichtige Mitfühlen am Steuerknüppel und an den Seitenruderpedalen.

Das Bild, das sich Ihnen bietet, ist völlig ungewohnt. Nach vorn ist Ihnen der Blick verwehrt. Es ist der Motor, der Ihnen die Sicht versperrt, und der muss weg.

Merken Sie, wie Ihr Pilot nach den ersten Sekunden der Beschleunigung den Knüppel sanft nach vorn drückt? Das Höhenruder bewegt sich nach unten, das Schwänzchen unseres Flugzeugs hebt sich, damit senkt sich die Nase, der Blick ist frei, die Zukunft wird erkennbar.

Was Sie jedoch kaum registrieren werden, ist das Austarieren der Startrichtung mit dem Seitenruder, denn das Maschinchen, seiner Bodenhaftung mit dem Hecksporn nun beraubt, möchte in eine andere Richtung. Warum?

Der Wind, der Ihre linke Wange intensiver streichelt als die rechte? Seitenwind? Nicht nur. Der Propeller ist ein schnell laufender Kreisel, und einmal aus der Drehebene gebracht, will er, den physikalischen Gesetzen gehorchend, zur Seite weg. Machen Sie die Probe mit dem ausgebauten Vorderrad Ihres Veloziped. Sie halten die Achse des Rades mit beiden Händen vor den Körper, ein anderer dreht – und nun versuchen Sie einmal festzustellen, nach welcher Seite ein Flugzeug mit rechtsdrehendem Motor auszubrechen versucht. Viel Spaß! Zurück zur Praxis: auch dieses Flugzeug, der offene Doppeldecker, das Genussmittel der junggebliebenen Luftfahrtveteranen, löst sich selbst vom Boden. Man ist sich des manuellen Eingriffs kaum bewusst.

Wie anders sitzen Sie da als Gast im Jet! Geschützt, behütet und umsorgt. Nur, mitzufühlen wird Ihnen schwer gemacht. Hier fliegen

Sie nicht mit, hier werden Sie geflogen. Schon während des Rollens zur Startposition wird alles lautstark für die Luftfahrt vorbereitet. Selbst die Türen werden in „Flight Position" gebracht. Als ob's die Tragflächen nicht alleine täten! Aber Spaß beiseite: hier werden nur die Notrutschen eingehängt.

Es ist soweit. Der Start ist freigegeben. Nun spielen andere Gewichte mit, werden Energien frei, die unseren kleinen Doppeldecker, könnte er seine Farbe ändern, vor Neid erblassen ließe. Mit seinen hundert PS steht er nur fassungslos im Gras.

Da sich der Standschub eines Jets nur schwer in PS umrechnen lässt – es fehlt die Geschwindigkeit als Faktor – bauen wir doch einmal folgende annähernde Formel auf, die auch der Nichtflieger nachvollziehen kann:

Flugzeugtyp: DC 10
Startgewicht: 250 Tonnen
Standschub: 3 x 23 800 kp
Geschwindigkeit nach dem Abheben (V_2): 360 km/h
Dasselbe in mathematischem Gewand:
360 000 m x 23 800 kp x 3
3600 Sek. x 75

Das ergibt eine Startleistung von 95 200 PS. – Und die hat der Kapitän in einer Hand! Unser Doppeldecker müsste noch 951 weitere Artgenossen um sich scharen, um die gleiche Kraft aufbieten zu können.

Piloten, Passagiere, sie alle werden in den Sitz gedrückt. In der Kabine lassen auch die abgebrühtesten Vielflieger ihre Zeitung sinken und riskieren einen Blick zum Fenster, denn jetzt kommt der Moment, wo es uns allen schwer fällt, den in Zahlenkolonnen abstrahierten Bewegungsablauf in die Realität zu dekodieren.

Im Cockpit kommt das Kommando „V_R" = Rotationsgeschwindigkeit. Die Nase langsam hoch!

Im Gegensatz zum Propellerflugzeug würde der Jet mit seinen Hochgeschwindigkeitsflügeln nicht daran denken, selbst abzuheben.

Er ginge mit uns durch den Zaun.

So tut man gut daran, bei diesem Wert „V_R“ auch konsequent zu handeln und die Tragflächen wie einen Kinderdrachen gegen den Wind anzustellen. Hierzu ist Kraft erforderlich. Mehr als das erwähnte Pflücken einer Blume. Und auch Exupéry müsste heute die Muskeln spielen lassen, um, unterstützt von der Hydraulik, das Flugzeug vom Boden zu lösen.

Einmal diesen Griff getan, schweben wir dahin, als ob ein Engel schiebt. Die Spannung löst sich, der Service beginnt, wir gönnen uns eine Tasse Kaffee. Im Cockpit aber bitte im Glas, denn wir brauchen das Getränk zunächst als Theodolit und peilen, ein Auge zugekniffen, über seine Oberfläche, ob wir bei Winkelmessung „Null“ höher sind als die Oberkanten der vor uns liegenden Wolken.

Wir sind es nicht, genehmigen uns schnell noch einen Schluck und gehen dann in die Kurve, um den im Wege stehenden Cumulus zu umfliegen.

Die Flüssigkeit im Glas erinnert uns dabei an das Parallelogramm der Kräfte. Denn, richtig geflogen, mit sauberer Querlage, bleibt die Oberfläche des Kaffees in der gleichen Ebene wie der Kabinenboden, parallel zu ihm, selbst bei Steuerwechselkurven durch die Schluchten der sich vor uns auftürmenden Wolkengebirge.

Unser Gast soll das Gefühl haben, als flöge er von Start bis Landung geradeaus. Mangels Erfahrung spürt er allerdings von Zeit zu Zeit etwas, das ihn verwirrt: in den Kurven nimmt er an Gewicht zu, wird er schwerer, und im Geradeausflug nimmt er wieder ab. Es sind behutsame Lastwechsel als Folge einer ausgewogenen Bewegungskoordinierung um die drei Achsen, die nun wiederum das Flugzeug vom Auto unterscheiden.

Im Straßenverkehr wirft es mich als Fahrer oder Beifahrer in jeder Kurve „aus der Bahn“. Das Auto kennt nur rechts und links in der Bewegung um die Hochachse. Hier macht sich im Luftverkehr das Querruder wohltuend bemerkbar, das, in die Hinterkante der Tragfläche eingebaut, die Drehung um die Längsachse übernimmt.

Die dritte, die Querachse schließlich, ist für das Auf und Ab gedacht. Gerade hier erfolgt die Betätigung des Höhenruders ganz vorsichtig und mit viel Gefühl.

So bleibt an Bord „alles im Lot“, das sowohl der Schwer- als auch der Fliehkraft folgt. Ausgewogen sollte die Luftfahrt sein.

Manche aber mögen's heiß. Doch auch da gäb's eine Lösung: Wenn ich kurz in den Steigflug ginge und dann kräftig die Steuersäule nach vorn drückte, so könnte ich Ihnen für einige Sekunden den vollkommenen Erfolg einer Abmagerungskur, das Glücksgefühl der Schwerelosigkeit vermitteln.

Sie sehen, es ist schon so ein Ding mit den Kräften der Natur. Man kann sie errechnen. – Man kann sie aber auch erleben.

Wie ein Kornfeld im Wind

„Flugzeugbau ist Kunst, ist Veredlung von Ideen, und ein moderner Jet bildet die Spitze industrieller Leistung." So schreibt Stanley Stewart in „Emergency-Crisis on the flight deck". Die Konstruktion des Flugzeug-Rumpfes ist filigran und robust zugleich.

Der Rumpf wird um die Mittelsektion herumgebaut, hier werden die Tragflächen angesetzt, durch diesen Teil laufen alle Steuerorgane, die Stränge des elektronischen Gehirns. Hier befinden sich die Träger der Fahrwerks.

Bereits im Normalfall ist dieser Konstruktionsteil einer großen Beanspruchung ausgesetzt: extremes Wetter, Temperaturschwankungen von plus 40 Grad bis zu 70 Minusgraden, Überdruck in der Kabine gegenüber dem äußeren luftverdünnten Raum, Schwingungen der Flügel, Belastungen bei Start und Landung, Vibrationen der Triebwerke. Aluminium-Legierungen sind es meist, die ein Flugzeug in die Lage versetzen, mit all diesen Belastungen fertig zu werden. Harte Landungen oder schwere Turbulenzen setzen ihm zu, und dennoch erweist es sich als zuverlässig, sofern man ihm entsprechende Pflege angedeihen lässt. Wobei die Normalbelastung, ob Flugzeug oder Passagier, zwischen plus 2,5 g und minus 1,0 g liegt, „g" bedeutet die Anziehungskraft der Erde, negative „g"-Werte fallen also in den Bereich der Schwerelosigkeit.

Zum erfolgreichen Design eines neuen Flugzeugs gehört nicht nur seine Schönheit, ökonomische und ökologische Einsatzfähigkeit, sondern auch seine Widerstandsfähigkeit, die im Testgerüst bis zum Zerreißen geprüft wird. Die Tragflächen werden von Flaschenzügen nach oben gebogen, weit mehr, als im kommerziellen Einsatz je auftreten könnte. Wer einmal Zeuge dieser Materialtorturen war, dem muss die Angst vor dem Fliegen bei näherer Überlegung geradezu absurd erscheinen. Gelegentlich aber treten auch im Flug testähnliche Bedingungen auf. Zum Glück sind es nur wenige Fälle, wobei die Passagiere unfreiwillige Zeugen eindrucksvoller Ereignisse wurden und selbst spürten, was ein von Menschen geschaffenes Fluggerät auszuhalten vermag.

Ein solcher Fall ereignete sich am 4. April 1979. Eine Boeing 727-100 der TWA mit dem Registrierungszeichen N840TW flog planmäßig als Flugnummer 841 von John F. Kennedy, New York, nach Minneapolis/St. Paul International Airport in Minnesota. Der Kommandant war Captain Harvey „Hoot" Gibson, sein Co-Pilot der Erste Offizier Jess Kennedy, und am Panel des Flugingenieurs saß der Zweite Offizier Gary Banks. Die Luft war ruhig, dennoch galt es wachsam zu sein, da man in 39 000 Fuß die maximal mögliche Flughöhe der 727 erreicht hatte.

Flug 841 überquerte die kanadisch-amerikanische Grenze nach Michigan und setzte seinen Weg in nordwestlicher Richtung zwischen der Stadt Detroit im Süden und dem Lake Huron im Norden fort. Captain Gibson war mit seinen Unterlagen beschäftigt, als er ein leichtes Summen hörte. Aus diesem Summen wurde in Sekundenschnelle ein Vibrieren, das sich durch den ganzen Rumpf zog.

Gibson schnellte hoch und kuppelte den Autopiloten aus. Plötzlich wollte das Flugzeug nach rechts und machte anschließend einen gewaltigen Ruck in die zuvor nur angedeutete Richtung. Alle im Cockpit wurden von diesem Manöver überrascht. Das Flugzeug setzte seine Drehbewegung fort und ging in den Sturzflug über, allen Bemühungen der Besatzung trotzend. „Wir gehen aufs Kreuz," schrie Gibson. Die 727 legte sich auf den Rücken und stürzte, sich weiter drehend, auf die Stadt Saginaw zu.

Die 727 stürzte mit einer Durchschnittsgeschwindigkeit von 46 000 ft/min (Fuß in der Minute), wobei sie jetzt sogar 76 000 Fuß in der Minute erreichte, oder 386 m/s (Meter pro Sekunde). Und damit durchbrach sie die Schallmauer. Der Überschallknall ließ die Fenster der Häuser am Boden erbeben. In der sich drehenden 727 wurden die Passagiere durch die freiwerdenden Fliehkräfte förmlich an die

Sitze genagelt. Diejenigen, die zu Beginn des Manövers im Gang standen, wurden zu Boden gepresst. Niemand konnte sich fortbewegen. Doch zum Glück gab es keine Verletzten, man hätte auch nicht helfen können.

Im Cockpit starrte Gibson auf den Fahrtmesser, der mit angezeigten 470 Knoten (870 Stundenkilometer) jenseits aller Limits lag. Er fühlte, dass jetzt, beim Passieren von 20 000 Fuß, nach fünf oder sechs Rollen, irgendwas geschehen musste, und er verlangte nach dem Fahrwerk. Ein Ausfahren bei mehr als 270 Knoten war nicht erlaubt, wenn man nicht das Risiko schwerer Beschädigungen eingehen wollte. Hier gab es aber schon längst keine Grenzwerte mehr. Kennedy legte den Hebel nach unten, und für die Ohren der Crew klang es wie eine Explosion, als die Räder im Luftstrom gegen die Endlager geschleudert wurden. Das Kreischen des Metalls war unbeschreiblich, so dass Gibson ein Abbrechen der Tragflächen befürchtete. In 5000 Fuß Höhe zog er noch einmal mit voller Gewalt durch, sein Magen schien bei den Knien angekommen zu sein. Die Tragflächen knackten an den Wurzeln, als sie dem sechsfachen Gewicht des Flugzeugs standhalten mussten. Auf wundersame Weise ertrugen sie diese Tortur. Die 727 war jetzt wieder unter Kontrolle. Das große Trudeln hatte ein Ende.

Captain Gibson steuerte unter großen Schwierigkeiten den Flughafen von Detroit zur Notlandung an und setzte die 727 um 22.31 Uhr weich auf die Bahn. Die Schuldfrage, ob technischer Fehler oder Fehlverhalten der Besatzung, ist auch heute noch immer nicht geklärt.

Die Unfalluntersuchung, ob am Computer, im Simulator oder im Flug, förderte immer wieder erstaunliche Werte zu Tage, die die Forderungen der Airlines weit übertrafen.

Das Zweieinhalbfache des Flugzeuggewichts gilt seit Jahren als Norm. Darüber hinaus wird der Lastfaktor um 1,25 erhöht. Es ist der tolerierbare Dehnungsbereich. Danach (Faktor 1,5) kann es zu bleibenden Verformungen kommen, ohne dass die Flugfähigkeit des Gerätes beeinträchtigt wird.

Eine weitere Testreihe gilt den „dynamischen" Belastungen, wie sie durch Steuermanöver und Böen auftreten und mit der Zeit zu Materialermüdungen führen können. Schon in einer normalen Kurve mit einer Schräglage von 30 Grad beträgt der Lastfaktor 1,15, und in den vom Luftfahrtbundesamt bei der Überprüfung von Flugzeugführern geforderten Steilkurven mit 60 Grad erhöht sich das Gewicht des Flugzeugs bereits auf das Doppelte. Hier beginnen sich die Tragflächen sichtbar zu biegen, und den Passagier beschleicht ein beklemmendes Gefühl, wenn sein Pilot bei Tag durch Wolkengassen kurvt, um der an die Struktur gehenden Turbulenz in noch so harmlos aussehenden Cumuli zu entgehen. Doch Tragflächen sind flexibel wie das Kornfeld im Sturm, und ein Schwingen der Flügelspitze des Airbus A300 über einen Bereich von sechs Metern gilt für den Konstrukteur als „noch im sicheren Bereich".

Der Flugkapitän aber würde ins Bordbuch einschreiben: „Flug durch schwere Turbulenz." In diesem Fall wird eine Sonderkontrolle mit erheblichem Mann-/Stunden-Aufwand durchgeführt. Verschiedene Indikatoren erleichtern dabei die Arbeit. Eine objektive Auswertung ist durch die Aufzeichnungen des Flugschreibers möglich. Im Airbus A310 und A320 druckt der Datenschreiber im Cockpit automatisch einen Report aus, falls Grenzwerte in der Belastung überschritten wurden. Zumeist ist aber das subjektive Gefühl der Besatzung – und erst recht das des Passagiers – weitaus dramatischer, als es die Messung ergibt.

Technische Kniffe mildern dabei den wahren Belastungsfaktor. In der DC-10 zum Beispiel kann der Autopilot in „Turbulence Mode" geschaltet werden, damit er nicht jeder Höhen- und Kursänderung nachjagt, wobei sich Böen- und Steuerlast überlagern können. Das Flugzeug bewegt sich dann wie ein Blatt im Wind um den Sollwert herum. Beim Airbus A320 ist eine Einrichtung zur Böenlast-Minderung eingebaut. Trägheitssensoren ermitteln den Lastfaktor und bewegen Querruder und bestimmte Spoiler (Störklappen) mit einer Ausschlagsrate von 200 Grad pro Sekunde, um extensive Auftriebswerte zu eliminieren.

Alles das wird in den Montagehallen der Flugzeughersteller bereits in der Simulation getestet, und zwar für einen Zeitraum von 120 000 Flügen, was einem zweieinhalb- bis dreifachen Flugzeugleben entspricht.

Wenn es brummt, kracht oder pfeift

Manche tun ja so, als gäbe es beim Fliegen keine besonderen Vorkommnisse mit entsprechenden Geräuschen. Ruhig, fast gelassen sitzen sie da, wenn's in der Maschine rumpelt und rattert. Flugerfahrung macht die wenigsten so gelassen, meist ist es eine erhebliche Schwerhörigkeit. Alltagslärm hat uns abstumpfen lassen. Lärm empfinden wir nur noch als lästig, wenn wir uns darauf konzentrieren, ihn als solchen wahrnehmen. Und wer tut das beim Fliegen nicht? Mit gespitzten Ohren sitzt man im bequemen Sessel. Vor Unruhe sind die Muskeln angespannt, wie beim Reh, das auf ein knackendes Ästchen wartet.

Freiwerdende Energie vernehmen wir bereits, wenn wir das Verkehrsflugzeug betreten: Die APU (zusätzliche kleine Turbine) röhrt im Heck und versorgt uns mit Elektrizität und angenehm gekühlter Luft. Um uns herum auf dem grauen Beton rattern noch die Versorgungsfahrzeuge, die Hubwagen und Förderbänder für die Fracht. Tief drinnen im Bauch des Flugzeugs, da rumpeln die Transportketten mit den großen Containern.

Unsere Turbinen beginnen zu drehen, fast unhörbar im runden Lauf um die Achsen. Da ist kein Hin und Her und Rauf und Runter wie bei den Kolben eines Motors. Die müssen Sie ertragen, wenn Sie sich einem kleinen Privatflugzeug anvertrauen. Da vibriert's, da scheppert's, da dreht sich der Quirl vor der Schnauze. Dafür haben Sie hier den Vorteil, zu sehen, wohin die Reise geht. Die Optik überdeckt die Akustik und lässt das Gedröhne in der Piper vergessen.

Bremsklötze weg, wir rollen. Unter dem Boden des Jets beginnt es zu singen. Hydraulikmotoren fahren die Startklappen aus. Etwa 1000 Hertz sind es, die unsere Trommelfelle treffen, wie ein Messton am

Ende des Fernsehprogramms. Doch unsere Show soll erst beginnen.

Start auf Rhein-Main, Hochdrehen der Verdichterschaufeln, der Rumpf erzittert unter dem Freiwerden von Tausenden von PS. Nach eintausend Meter Anlauf hebt sich die Nase der Maschine steil in den Himmel, doch in Wirklichkeit sind es nur 20 Grad. Das Geräusch der rotierenden Laufräder verstummt, und dann kommt's: Ein Rumoren geht durch den Leib des Flugzeugs, als würde es sich krümmen vor Schmerz. Nichts von alledem entspricht der Realität, denn die heißt für den Piloten: „Gear up" = Fahrwerk ein.

Je größer das Flugzeug, um so größer das Bemühen von Elektrik, Hydraulik, Mechanik. Beim Jumbo gar müssen 18 Räder, so groß und so schwer wie Mühlsteine, in den Aussparungen des Rumpfes verstaut werden. Aber es kommt noch schlimmer. Die Freiräume werden abgedeckt mit Türen von den Abmessungen eines Scheunentores. Sie knallen zu, so laut, dass der uneingeweihte Erstflieger der Meinung sein muss, man habe einen Schornstein mitgenommen.

Und kaum hat er sich an das Bombardement der Eindrücke gewöhnt, beginnt die Abnahme der Geräusche, ihn erneut zu beunruhigen.

„Steigleistung 9" heißt das Kommando, sowohl für die Düse, als auch für den Propeller, denn beide mögen auf die Dauer kein Vollgas. Die Drehzahl wird zurückgenommen, die Tonhöhe verändert sich. In 5000 Fuß Höhe, sprich 1500 Meter, soll der Jet nicht schneller sein als 250 Knoten. Die Hand des Piloten zieht die Gashebel energisch zurück. Es wird ganz leise, als seien alle Triebwerke ausgefallen. Nur Helden bleiben davon unberührt.

Kaum haben Sie nun tief durchgeatmet, heulen die Turbinen wieder auf – die Flugsicherung erteilte die Freigabe zum Höhenflug.

„Continued Power", Dauerleistung, in endlich 33 000 Fuß, entsprechend 10 000 Meter. Das Auf und Ab schweißtreibender Phonwechsel kommt allmählich zur Ruhe. Wir legen den Kopf auf die Seite und nicken fast ein. Fast – denn ein anderes Phänomen zerrt an unseren Nerven. Kaum vernehmbar macht es „whow, whow, whow". Kaum nachzuahmen, dieses aufdringliche Geräusch, ein langsames auf- und abschwellen. Eine Schwebung – der Fachmann würde sagen: Interferenz.

Der Propellerflieger, für den ist es ein Muss, die Synchronisation der Drehzahlen, wenn er zwei Props hat. Schwingungsberge und Schwingungstäler haben schon manchen Motor gekillt. Doch von den Düsen sagt man, sie seien immun. Doch sensibilisiert im Cockpit sind nur musikalische Piloten und Ingenieure, sie regeln nach Gehör von Hand.

So kommen Sie allmählich ans Ziel und die Symphonie der Geräusche rollt nun rückwärts ab. Das Spiegelbild der Luftfahrtpartitur. Fast ist man beruhigt, die Noten kennt man nun schon, nur die Reihenfolge hat sich geändert. Die Instrumente tönen noch einmal „Fortissimo“.

Sieg über die Materie

Gibt es sie, oder gibt es sie nicht, diese Löcher in der Luft, in die man hineinplumpst, als würde ein Lift über zwei bis drei Stockwerke nach unten fallen, statt zu fahren? Es muss sie geben, sonst würde nicht so mancher Luftreisende einen Flug nach Berlin als Horrortrip bezeichnen.

Haben Sie's nicht auch schon mal erlebt, dass Sie als Passagier den Kaffee zum Munde führen wollten, und die Tasse wurde plötzlich doppelt so schwer, Sie setzten sie wieder auf den Klapptisch vor Ihnen, und gleich darauf – Sie hatten den Armmuskel energisch gespannt – machte sie einen Satz nach oben. Es gelang Ihnen nur noch ab und zu zu nippen, wenn die Tasse gerade mal wieder an Ihren Lippen vorbeikam.

Schulweisheit: Eine Aktion führt zu einer Reaktion. Das Flugzeug macht einen Satz nach oben: die Tasse wird schwer. Das Flugzeug fällt nach unten: die Tasse wird leicht. „Der Fall nach unten," werden Sie sagen, „das ist das Luftloch." Aber der Satz nach oben, werden Sie fragen, was ist denn das?

Jetzt sind Sie unsicher geworden und Sie werden es noch mehr, bei folgender Aufgabe: Blasen Sie einen Kinderballon so auf, dass er oben mehr Luft enthält, als unten.

Sehen Sie, das geht nicht. Gibt es nun Luftlöcher? Die übereinstimmende Antwort der Piloten wie der Physiker lautet: Nein!

Aber was ist denn das, was gerade in den Sommermonaten die Maschine so oft auf- und ab tanzen lässt, besonders? Es ist eine Luftbewegung, die den Segelflieger in einen euphorischen Zustand versetzt. Man nennt sie „Thermik", die durch intensive Sonneneinstrahlung hervorgerufene Aufwärtsbewegung der Luft. Geschieht das in kleinen Zellen, so schubsen uns Warmluftblasen mal hier, mal da unter der Tragfläche und machen uns das Leben schwer.

Nun zur Feuchtigkeit in dieser Luft. Sie hat am Boden einen Wert von vielleicht 60 Prozent. Die Luftmasse steigt auf, sie kühlt sich ab, die relative Feuchte steigt, sie erreicht 100 Prozent – und kondensiert. Das sichtbare Ergebnis dieses Vorganges nennen wir schlicht und einfach „Wolken".

Auch Kondensstreifen sind nichts anderes als Wolken, die von den Triebwerken der Flugzeuge gebildet werden. Aber wie? Oft reicht die Feuchte in der Höhe zur Wolkenbildung nicht aus. Nun kommt das Flugzeug, und beim Verbrennungsvorgang des Benzins im Zylinder, oder des Kerosins in den Brennkammern, wird Wasserdampf frei. Sie kennen diesen Vorgang im Winter, wenn der Auspuff Ihres Autos Ihren Nachfolger an der Ampel einnebelt. Hinzu kommt nämlich, dass sich – bleiben wir einmal beim Jet – im Abgasstrahl, der den Schub erzeugt, auch Rußpartikelchen befinden. Die Feuchtigkeit schlägt sich an diesen Kondensationskernen nieder, es bilden sich sichtbare Tröpfchen, und die Wolke steht wie ein Strich am Himmel.

Schauen Sie sich nun den Strich vom Boden aus genau an. Bleibt er ruhig stehen, dann ist auch die Luft dort oben ruhig, die Geschwindigkeit des Windes, die Luftbewegung gleichmäßig. Wird der Kondensstreifen aber schnell zerrissen, wirkt er bald wie onduliert, fasert er aus, dann möchte ich dort oben als Gast im hellen Anzug nicht gerade ein Glas Rotwein in der Hand haben. Rundherum ist makellos blauer Himmel, und dennoch deuten die Anzeichen in der Atmosphäre auf Turbulenz hin. In der Höhenwetterkarte des Piloten, der dort oben fliegt, sind drei Buchstaben dick eingetragen: CAT. Damit ist er vorgewarnt und wird rechtzeitig wegen „des Durchfliegens einer örtlichen unruhigen Wetterlage" die Anschnallzeichen einschalten.

Über uns in Mitteleuropa liegen oftmals die Ausläufer eines Jetstream, eines eng gebündelten Starkwindfeldes, das über dem Nordatlantik mit bis zu 500 km/h nach Osten braust. Das allein ist noch kein Auslöser für starke Turbulenz, wäre da nicht in etwa 12 000 Metern Höhe die Tropopause, die Grenzschicht zur Stratosphäre, als Deckel des Wettergeschehens. Darüber bleiben nicht nur die eisigen

Temperaturen mit etwa -55 Grad nahezu konstant, der Wind nimmt auch nach oben hin rapide ab. Der Vergleich ist also nicht falsch: der Sturm unter einem ruhigen Luftozean. Was Sie dort oben fühlen, sind also keine Luftlöcher, sondern Luftwellen.

So kann es auch schaukeln, wenn Sie über die Alpen fliegen. „Mountain Waves," Gebirgswellen treiben ihr Spiel.

Und sollten Sie einmal das Gefühl haben, dass der Pilot ein böses Spiel mit Ihnen treibt, indem er durch die Gassen zwischen sich hochauftürmenden Wolkenriesen kurvt – glauben Sie mir, er meint es gut, denn in den Quellungen, diesen herrlich ausschauenden blumenkohlähnlichen Gebilden wüten Hagel und nicht selten Blitz und Stürme. Von Vertikalböen würde der Fachmann sprechen. Löcher wären ein luftleerer Raum. Doch es ist mehr Luft da, als Sie denken.

Ein Flugzeug wächst

„Das gibt es ja gar nicht!“ werden Sie sagen. Ein Flugzeug wird nicht größer und doch, der Blick aus dem Airliner lässt einen manchmal zweifeln. Manchmal hat es den Anschein, als könnten die Schwingen dieser Vögel noch wachsen. Wir alle kennen das Bild eines Segelflugzeugs, wenn es sich zu hoch und zu schnell dem Landeplatz nähert. „Der schießt doch drüber hinaus!“ ist unsere überhebliche Meinung.

Da tauchen senkrecht aus der Mitte der Tragfläche neue Bauteile auf. Wie Schneezäune an gefährdeten Straßen sehen sie aus. In ihrem Lee (die dem Wind abgewandte Seite) bricht die Strömung, und damit der Auftrieb, zusammen, und das Segelflugzeug setzt an einer Stelle auf, die wir noch vor wenigen Sekunden für unerreichbar gehalten haben.

Veränderbare Tragflächen sind die wirtschaftliche Stärke, vor allem aber die sich auszahlende Sicherheit moderner Flugzeuge. Das fängt schon ganz klein an. Denn wie der Segelflieger bei der Landung mit einer Hand den Hebel für die Störklappen hält, so spielt mancher Privatflieger bei der Ziellandung mit dem Mechanismus für die Landeklappen.

In der Verkehrsluftfahrt wird diese Methode natürlich nicht angewandt – obwohl es manchmal den Anschein hat. Um sanft zu landen, und dennoch am 1000-Fuß-Punkt zu sitzen, dem dicken, weißen Balken auf der Bahn, bieten die Tragflächen des Jets dem aufmerksamen Passagier eine Fülle von Variationsmöglichkeiten. Bereits zum Start beginnt der Flügel sich zu verändern. Die Vorderkante der Tragfläche schiebt sich vor, bewegt sich nach unten, ein Schlitz wird sichtbar: ein Doppeldecker ist entstanden.

Mit der Bewegung des Landeklappenhebels im Cockpit auf die Position SStart“ beginnt auch der rückwärtige Teil der Fläche sich auszudehnen. Der tragende Teil wird größer, der Flügel wächst in die Tiefe. Und auch hier wird zwischen der Tragflächenhinterkante und dem neuen Bauteil ein Spalt sichtbar.

Wozu dienen nun diese Schlitze oder Spalten zwischen der Tragfläche und ihren Klappen, die sich in der Landekonfiguration noch vervielfachen? Durch sie pustet der Wind, hier wird die Luft beschleunigt, hier bildet sich an der dem Spalt folgenden Wölbung des Landeklappenprofils zusätzlicher Unterdruck, Sog, Auftrieb, wie man diese Kraft auch nennen mag. Ist das Flugzeug schnell genug, können diese Auftriebshilfen eingefahren werden. Die Tragfläche wird sauber, wie die Piloten sagen.

Kleine Bewegungen der Querruder zeigen dabei große Wirkung, denn auch sie befinden sich an der Hinterkante der Tragfläche. Mit dem Einfahren der Startklappen werden bei vielen Flugzeugen die äußeren Querruder abgeschaltet. Weniger Bewegung, weniger Widerstand, weniger Kraftstoffverbrauch, sanftere Kurven, mehr Komfort. Bei manchem Verkehrsflugzeug sieht man auf der Tragfläche Reihen von kleinen Hütchen (oder sind es Nippel?) – die der Theorie vom sauberen Flügel Hohn sprechen. „Nieten versenken sie, diese Flugzeugbauer, und so etwas schaut zentimeterhoch heraus.“ Wenn Sie einmal im Bereich der Tragfläche sitzen und genau hinschauen, so werden Sie feststellen, dass es sich um kleine hochstehende Profile in der Form der Tragfläche handelt.

„Vortex Generators“ nennt man sie. Diese Minileitbleche stehen im leichten Winkel zueinander und dienen dem Zweck, die Grenzschicht von der Tragfläche abzulösen. Das ist die Luftschicht, die unmittelbar am Flügel anliegt, die ihn umkleidet. Denn auch an hochglanzpoliertem Duraluminium gleitet die Luft nicht spurlos vorüber. Sie klebt wie Honig am Löffel. Nennen Sie die Dinger auf der Tragfläche zum besseren Verständnis einfach Abstreifer oder noch präziser: Trennmesser. Sie vergrößern die Luftreibung am Flügel keineswegs, sie verringern sie.

Das Anschnallzeichen schreckt uns auf aus unseren Betrachtungen. Vorbereitung zur Landung, in der Kabine wie im Cockpit. Nun springen Bleche hoch, meterlang. Fast senkrecht stehen sie da, sie zittern im Fahrtwind, als wollten sie abreißen.

Steiler wird der Anflug. Die Flugsicherung hat wohl den Piloten gebeten, einige Höhen, in denen weitere Maschinen erwartet werden, so schnell wie möglich zu durchstoßen.

Da beginnt das Flugzeug die Ohren anzulegen. Die Bleche biegen sich nach hinten, sie halten dem ungeheuren Druck der anströmenden Luft nicht mehr stand. Gleich fliegen die Fetzen!

Aber nicht doch! Der Beobachter, der die Wirkungsweise dieser Mechanik kennt, würde kopfnickend den „Blow down-Effekt der Flight Spoiler" bestätigen. Eine Überlastsicherung in der Hydraulik verhindert so eine Beschädigung der Störklappen.

Es wird Zeit, dass wir landen. Die Klappen fahren wieder aus. Zuerst die Vorflügel, die sogenannten Slats, und dann die hinteren, die Landingflaps. Zunächst vergrößern sie den Flügel, wie schon beim Start. Dann aber klappen sie nach unten weg und erhöhen nicht nur den Auftrieb, sondern bauen auch Widerstand auf. Stück für Stück vergrößert sich die Tragfläche, teilt sich, bildet Kaskaden für den Luftstrom. Ein Vogel, der zur Landung die Federn spreizt.

Achtung, wir setzen auf! Das Flugzeug beginnt sich in seine Einzelteile zu zerlegen, oder zumindest möchte es zeigen, was noch alles in ihm steckt.

Die uns schon bekannten Flight Spoiler auf der Tragfläche springen hoch, unterstützt von weiteren Störklappen, den Ground Spoilern, um eine zusätzliche Abrisskante zu bilden. – Und wir schauen dabei auf die hässlichen Eingeweide, die unser eben noch so eleganter Vogel jetzt schamlos entblößt. Wir müssen zum Stehen kommen, die Landebahn ist nicht unendlich.

Wie Polypenarme springen zwei Greifer aus der Verkleidung der Triebwerke. Zwei Blindstopfen, so scheint es, werden auf den Austritt des Schubstrahls gesetzt, Umlenkbleche geben den heißen Gasen eine neue Richtung, die Turbinen heulen noch einmal auf. Dann ist der Spuk vorbei. Spoiler ein, Landeklappen ein, Vorflügel ein, Leitbleche für den Umkehrschub ein, ... ein ... ein. Wir rollen zur Rampe. Triebwerke aus. Unnatürlich ist die Ruhe.

DURCHSTARTEN

HELDEN DER LÜFTE

NEU

Jürgen Rosenstock
Flugboote über dem Atlantik
Best.-Nr. 7225
128 S., 110 Abb., Format 24 x 30 cm
ISBN 3-7654-7225-5

€ 24,90
(DM 49,80 / öS 364,- / CHF 44,40)

In zeitgenössischen Illustrationen erinnert das Buch an eine der größten Pionierleistungen der Luftfahrt. Ein Beitrag zum 75. Lufthansa-Jubiläum 2001.

Gerhard Siem
Mit dem Zeppelin um die Welt
Best.-Nr. 30084
128 S., 200 Abb., Format 24 x 30 cm
ISBN 3-932785-84-3

€ 24,90
(DM 49,80 / öS 364,- / CHF 44,40)

Dieser reich illustrierte Band nimmt uns mit auf die Weltfahrten der „Dt. Luftschifffahrts-AG" der Jahre 1899 bis 1932. Anhand zeitgenössischer Bilder und Landkarten dokumentiert er die abenteuerlichen Touren der berühmten Luftschiffe.

NEU

Hans-Jürgen Becker
Boeing 707
Best.-Nr. 7227
128 S., 130 Abb., Format 24 x 24 cm
ISBN 3-7654-7227-1

€ 19,90
(DM 39,80 / öS 291,- / CHF 36,-)

Mit diesem Flugzeug begann nicht nur die Jet-Ära des zivilen Luftverkehrs, sondern auch der Aufstieg von Boing zum führenden Flugzeughersteller der Welt. Mit zahlreichen historischen Abbildungen zeigt dieses Buch die Erfolgsstory der 707.

Bernd Vetter
Douglas DC-8
Best.-Nr. 30086
128 S., 130 Abb., Format 24 x 24 cm
ISBN 3-932785-86-X

€ 19,90
(DM 39,80 / öS 291,- / CHF 36,-)

Die DC-8 gehört zu den Pionieren des Jet-Zeitalters. Das Buch zeigt Entwicklung und Einsatz einer Flugzeug-Legende - eines der ersten strahlgetriebenen Passagierflugzeuge der Welt. Kenntnisreich geschrieben und hochwertig illustriert!

GeraMond

IHR KOMPETENTER PARTNER FÜR IHR HOBBY
Gleich bestellen: Telefon 0180-532 16 16 / Fax 0180-532 16
www.geranova.de • **Erhältlich auch in Ihrer Buchhandlun**
Bitte fordern Sie unseren umfangreichen Gesamtpropekt an!